THE II
WORLD
WAR

『十二五』国家重点出版物出版规划项目

第二次世界大战战场丛书

钱乘旦　庞绍堂/主编

潘兴明 ◎ 著

东南亚战场

华夏出版社
HUAXIA PUBLISHING HOUSE

图书在版编目（CIP）数据

东南亚战场 / 潘兴明著. —北京：华夏出版社，2015.1

（第二次世界大战战场丛书）

ISBN 978 - 7 - 5080 - 8293 - 6

Ⅰ. ①东… Ⅱ. ①潘… Ⅲ. ①第二次世界大战－史料－东南亚 Ⅳ. ①K152

中国版本图书馆 CIP 数据核字(2014)第 265956 号

东南亚战场

作　者	潘兴明	
责任编辑	罗　庆	
出版发行	华夏出版社	
经　销	新华书店	
印　刷	三河市兴达印务有限公司	
装　订	三河市兴达印务有限公司	
版　次	2015 年 1 月北京第 1 版	
	2015 年 1 月北京第 1 次印刷	
开　本	670×970　1/16 开	
印　张	15	
字　数	167 千字	
定　价	32.00 元	

华夏出版社　　地址：北京市东直门外香河园北里 4 号　　邮编：100028
网址:www.HXPH.com.cn　　电话：(010)64663331（转）
若发现本版图书有印装质量问题，请与我社营销中心联系调换。

总　序

钱乘旦

　　二十年之前,《第二次世界大战战场丛书》全套八册在当时任职
中国青年出版社的潘平先生的支持下撰写完成,并收入由中国青少
年基金会发起的公益项目希望书库中,由中国青年出版社和中国少
年儿童出版社出版印行,由中国青少年发展基金会作为希望小学的
课外阅读书籍与贫困地区的小学生们见面了。二十年之后的今天,
原稿经过修改和补充即将由华夏出版社出版,作为对第二次世界大
战结束七十周年的一束纪念。

　　二十年前我为这套书写了一篇序,时至今日再看此文,其中的
基本判断居然都没有过时。首先,世界又维持了二十年的和平,而
这二十年确确实实是以和平与发展为主题的;但人们未曾料到,战
后的发展主要是新兴国家的发展,世界力量的平衡由此发生变化,
五百年的西方优势正一点点消退,非西方国家经历着群体的复兴。
如何面对新的世界格局,关系到战争与和平的重大问题;只有对各
国的发展都"乐见其成",将其视为全人类的共同福音,才能对世界
变化有正确的认识,而不致将人性中阴暗的一面付之于行动。

　　其次,苏联解体、两极世界瓦解后,这个世界不是更太平、而
是更危险了,一个超级大国恣意妄为、随便改变现状的做法只使得
这个世界狼烟四起,比任何时候都更接近于战争的边缘。和平维持

了太长的时间，战争的记忆似乎已经遥远，年轻人只是在电脑游戏中接触战争场面，而那些游戏又确实把战争当成儿戏。这种时尚的"现代文化"隐藏着太多的隐患，人们需要尽早反思，不要让它泛滥成灾，而能够给人们带来真实的战争记忆、回想起第二次世界大战的巨大伤痛的，恰恰是真实地写出战争的历史，并永远记住它留下的历史教训。

第三，第二次世界大战是一场用正义战争打败非正义战争的大战，为打赢这场战争，世界人民付出了五千万人牺牲的代价，财产的损失不计其数。正气本应该长存，但出于偏见或意识形态，现在有些人却有意无意地抹杀二战的正义性质，混淆是非，把正义者说成邪恶，为邪恶者涂脂抹粉。人们对这场战争的记忆本来就在冲淡，而有意的歪曲和故意掩盖事实，无论出自何种动机，都只会助长邪恶。

作为"世界"大战，第二次世界大战在大半个地球激烈进行，其中一个主战场在中国。但长期以来英美话语控制了战争的诠释权，中国战场成了陪衬甚至消失在记忆中。我们这套书有意识地纠正了这种偏见，八册中有两册是专写中国战场的，一册写中国正面战场，另一册写中国敌后战场，两册合在一起，全面表现了波澜壮阔的中国抗日战争。二十年前还有人故意回避正面战场，今天我们都知道抗日战争是全中国人民的共同战争，是中华民族走向复兴的伟大胜利。中国抗日战争为世界反法西斯战争做出了重要贡献，这是永远不可忘记的。

所以说，二十年前的这些说法仍然有意义，因此在丛书正式出版时我将它全文刊出，作为全书的总序。

"希望书库" 版序言

钱乘旦　庞绍堂

　　第二次世界大战硝烟弭散，到现在已经五十年了。五十年前出生的那些人，如今也已经"知天命"，要年逾半百了。五十年来，尽管世界上狼烟未止，大大小小的战争始终不断，但全球性的大战总算没有打起来，出现了五十年难得的和平时期。五十年中，世界发展很快，物质生产的能力成倍增加，财富之增长居然破天荒第一次使居住在这个世界上的人不仅少数特殊人物可以享受优裕的生活，而且数量相当可观的普通人也能够分享其富裕了。许多地区已经习惯于和平与安宁，几代人都不知道战争是什么样；即使曾亲身经历过战争的人，战争也已成为遥远的过去。和平与发展是当代世界的主题，人们祈望着和平能世世代代维持下去，永无止境。

　　人们渴望和平，因为和平与幸福总是连在一起；人们痛恨战争，因为战争与苦难是同义语。很少有人不希望和平，而想要战争的；然而，战争又似乎是人类永远摆脱不掉的命运之阴云，笼罩着由希望之火点燃的历史之光。战争陪伴着人类的历史，乃至在官修的史书上，没有战争似乎就显示不出君王的伟大，没有征伐似乎就表现不了统治的英明。可悲的是，历史似乎也果真如此，还在我们的先民与巨野洪荒作斗争的时代，人类就被战争的梦魇时时纠缠，尽管豺狼虎豹凶狠地威胁着人类的生存，但人的不同族群之间却免不了要彼此厮杀，人的同类相斗充满了血腥气。文明降临之后，战争与历史一起进入文明，而且越来越自觉地利用文明的进步所造成的结果，从古希腊的青铜剑，到二十世纪的激光导弹，哪一个历史阶段，不见证着武器的发展与完善，人类的多少智慧，被消耗在战争这门艺术上！当后人歌颂帝王的宏业、将军的伟绩时，似乎已经忘记了战争的残酷；有些人说，战争是文明发展的杠杆，没有战争，社会也就停止不前了。对此我们虽然不敢苟同，但同时又不得不承认：社会的发展有时的确需要战争来推动，比如：当新社会需要诞生、旧社会又不肯退去时，战争会帮助消灭旧社会；当邪恶势力张牙舞爪、剥夺千百万无辜人的生命与自由时，战争会帮助伸张正义，消灭邪恶；即使在并无正义与非正义之分，战争只是不开化人群的相互残杀或贪婪帝王们的争疆夺土时，它也会起到沟通文明、交流文化的作用，因为在工业化以前的时代里，地区间的联系极稀少，人们生活在封闭的地域里，很少有交流的机会，于是，战争作为一种残酷的沟通手段，居然也可以成为文明的载体！

但战争无论如何都是人性中丑陋一面的暴露。不管存在不存在正义的一方，战争都是由邪恶势力造成的。非正义的战争自不消说，它体现着统治者的贪婪、权欲和凶狠残暴；即使是正义的战争，也必然是在邪恶势力登峰造极、正义的力量不用战争作手段便不可铲除恶势力的前提下发生的。一场战争要么无正义与非正义可言，实际上双方都是非正义；要么一方是正义，另一方是非正义，于是战争首先由非正义一方挑起，正义一方为反抗、为生存，不得不奋起反击，拿起武器，向邪恶势力开战。

　　第二次世界大战就是一场典型的用正义战争打败非正义战争的大战，为打赢这场战争，全世界人民付出了五千万人牺牲的代价，战争的财产损失，估计达到四万亿美元。人类作出如此巨大的牺牲，仅仅是为了消灭人类历史上最邪恶的势力之一——法西斯主义。痛定思痛，人们不禁会默然深思：难道一定要在热血和泪水中才能伸张永恒的正义吗？为什么不能在邪恶势力毒苗初露的时候就将它铲除，而一定要等它作恶多端、危害匪浅时才动员更大的人力和物力，去和它作本来可以轻易得多的斗争？第二次世界大战留给后人去深思的最深沉的，也许就是这个问题。

　　人类是不是还需要不断地经受战争的苦难？是不是只有用鲜血和生命才能捍卫真理和正义？也许正是带着这种迷茫，世界才走完了五十年艰难的和平历程。在纪念世界反法西斯战争胜利五十周年之际，我们却不可忘记：当上一次大战奠定的世界体系瓦解之后，我们这个世界又变得动荡不安了，两极控制世界的平衡状态已经被打破，新的战争根源有可能在混乱中产生。我们能否阻止新的战争？我们能否化解各种冲突？能不能在邪恶势力刚刚抬头的时候就遏止它、消灭它？这是摆在全世界人民面前的严峻考验。我们渴望和平，我们希望永远不再有战争，至少不再有全球性的世界大战。我们希望人类的理智已经成熟到这个程度，即人们将永远清醒地认识到：现代科学已经使人类具备了消灭自己的能力，世界的核武库可以把地球炸翻好几次。然而我们却不得不痛心地承认：战争曾一直与历史同在，我们不能保证人类的私欲永远不再助长邪恶势力的抬头，使之再次成为引发世界战争的根源。但即使如此，我们仍然深信：

正义会在战争中凯旋，因为人类在其本性中，天生就追求真理与正义！

第二次世界大战是波澜壮阔的，它高奏着振人心弦的英雄乐章，它为作家艺术家储藏了取之不尽的创作灵感，它为一代代后世人留下了长久永存的崇敬与深思，它为历史家提供了永不磨灭的史绩。然而，我们仍然希望它是人类历史上最后一次大战，铺设在人类脚下的，应该是永远的绿色和平之路。

让我们真诚地祝福和平永存。

1994 年 10 月于南京

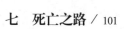

引 子

1854 年 2 月，美国海军准将佩里的舰队强行闯入江户湾内的浦贺港，用武力打开已关闭好几个世纪的日本国门，也唤醒了日本的民族危机感。明治天皇政府引入西方资本主义的制度和科学技术，使日本迅速走上发展资本主义的道路，国力日益强大起来。

羽毛渐丰的日本发现周围大都是弱小落后的邻居，便开始打它们的主意，屡屡挑起事端，遍燃战火，吞并朝鲜，侵占中国的台湾和澎湖列岛。还在中国的东北与沙俄大打了一仗，将侵略势力渗入中国。

但是，这远远不能满足日本军国主义者的侵略野心。在 20 世纪 30 年代，它一手制造了"九一八事变"和"七七事变"，向中国发动全面的侵略战争。1941 年 7 月，又以"和平进驻"的方式侵占了法属印度支那。

美国和英国原先只顾欧洲的危机，此刻突然发现日本人已把手伸到东南亚，下一步可能威胁到自己的利益。美国总统罗斯福于是发布命令，断绝了与日本的贸易关系，其他盟国也纷纷仿效。

狂妄自大的日本军国主义者不甘心就此罢休，打定主意要不受美国的束缚。但是，日本的战略资源非常缺乏，为了扩军备战，与英美等国一争高下，资源丰富的东南亚就成了日本垂涎的目标。

1941 年 12 月 8 日[①]，即偷袭珍珠港之前近两个小时，日军在泰马交界的克拉地峡登陆，向驻守马来亚的英国军队发动进攻。顿时，战火的硝烟弥漫了整个东南亚。

东南亚地区树木茂密，河溪纵横，山高坡陡，而且终年气候炎热。尤其是在长达半年的雨季里，平地一片汪洋，行走不便，车辆更是难以通行，现代化的坦克大炮在这里很难施展威力。因此，战争的胜负主要将取决于步兵之间的较量，取决于在交通不便的情况下的后勤补给能力。日军之所以能在战争前期所向披靡，就是靠了战斗力强大的步兵；而在后期节节败退，则是由于兵力不足、补给不济。恶劣的自然环境给参战双方都造成巨大损失，在缅甸作战中，因病饿倒毙于丛林之中的士兵要比战场上的阵亡者多好几倍！

这一切，就为现代战争蒙上一层陌生的外衣，那些现成的战略战术在这里很难用得上，战争的胜负也增加了许多难以捉摸的变数。常常出现这种情况：一场战役按常规看上去是能打胜的，然而却糊里糊涂地败下阵来，甚至败得很惨。

瘴气笼罩的东南亚丛林令英国人望而生畏，令中国人不堪回首，同时也令日本人心胆俱裂。

与二战其他战场相比，东南亚战场无疑是最艰难、最神秘的一个战场。英国、中国以及其他盟国的将士浴血奋战，战胜了日本侵略者，为全世界反法西斯战争的胜利做出了巨大贡献。

---

① 此为当地时间，珍珠港时间为 12 月 7 日。

1941年8月，英军曼彻斯特团士兵在马来亚进行丛林战训练

人们都知道日本在 1945 年 9 月 2 日签署了无条件投降书，都将这一天作为第二次世界大战的结束日。但是请记住，最后给这次大战画上句号的是盟军东南亚战区司令、英国海军上将蒙巴顿。他到 1945 年 9 月 12 日才在新加坡正式接受东南亚日本军队的投降，在日本投降书上写下自己的名字：路易斯·蒙巴顿。

一

"背水一战"

1940 年 7 月 22 日，东京的天气与往年一样炎热。在市区内那些纵横交错的狭窄卵石街道上，几乎看不到什么行人。街道两旁排列着艺妓馆、料理店、寿司铺、和服店和酒馆，老板和店员们向偶尔光顾的客人懒洋洋地打着招呼。倒是店铺门上挂着的各色招牌和幌子给街市带来一丝生气。

不远处的一座小山上，矗立着仿埃及式样的国会大厦。这座大厦落成不久，与周围的皇宫和政府官邸形成鲜明的对照。今天，国会大厦后面的首相官邸里来了一位新主人，他就是年届 50 的近卫文麿。其实对于近卫来说，他对这座由两座楼房组成的官邸是很熟悉的。在 1937 年 6 月到 1939 年 1 月这段时间里，近卫第一次当首相时就在这里住过。所以，近卫既是这里的新主人，又是它的旧主人。

近卫此次再度出山正处于一个非常时期。欧洲战事在 5 月发生突变，希特勒于 5 月 10 日下令装备精良的德军在西线发动闪击战。五天之后的早上，刚上任的英国首相丘吉尔就接到了来自巴黎的电话，法国总理保罗·雷诺连声惊呼："我们打败了！我们打败了！"

不久，法国宣布投降，德军的坦克已推进到英吉利海峡的东岸，炮口直指西面的英国。

希特勒的胜利使日本军方的作战方针发生逆转。本来在年初的时候，陆军参谋本部曾秘密决定，如果日军在1940年内不能征服整个中国，就逐步撤军，只在华北留下驻屯军保护满洲。此时，日本军部首脑不再提从中国撤军，而是主张进一步扩大战争。6月22日上午，陆军参谋本部与陆军省举行联席会议，会上有人提议立即向新加坡发动突然袭击。陆军中的保守派挫败了这个提议，但军界不少实力人物的确在把贪婪的目光投向资源丰富的东南亚。

第二次出任首相的近卫出身于一个显赫的贵族家庭，早年曾在东京帝国大学和京都帝国大学读书。大学毕业后在政界元老西园寺公望的帮助下进入内务省任职，后任贵族院议长等职。他在第一次任首相时发动了侵华战争，后因陷入这场战争不能自拔而辞职。这一次他是在政界要员劝说下重新组阁的。内阁中有两个十分引人注目的人物，一个是外务大臣松冈洋右，另一个是陆军大臣东条英机。

从外表上看，松冈一点也不具有外交家的风范。他矮矮的个头，皮肤黝黑，留着八字胡，戴着一副玳瑁边大眼镜。松冈口才极好，一开口便滔滔不绝，因而得到了"五万言先生"和"讲话机器"的雅号。其实，松冈洋右是一个头脑敏锐、精明能干的人物。早年他也吃了不少苦，13岁时便由叔父带到美国，自谋生路。在俄勒冈大学读书时，他勤奋刻苦，还打工挣学费。毕业后，他留在美国工作了三年。所以，他不仅能讲一口流利的美国口音英语，而且对美国社会了解甚深。在日美关系处于困难的时期，松冈担任外务大臣确实是再合适不过了。

　　而出任陆军大臣的东条英机则具有典型的日本军人气度。东条个头适中，留着平头，戴一副黑边眼镜，面部表情严肃。他工作勤奋，性格固执，热衷于军国主义思想和武士道精神。东条早年的经历与松冈不同，他生于一个军人家庭，从陆军学校毕业后即参加日俄战争。后又就读于陆军大学，完成学业后曾去柏林任日本驻德武官，1935 年任关东军宪兵司令，两年后升任关东军参谋长。"七七事变"后，东条英机率"东条兵团"参加侵华战争。他在任陆军大臣前的职务是航空总监。

　　近卫内阁成立仅四天，就在军方的提议下，一致确定了一项新国策：建立日本领导下的"大东亚新秩序"，其范围包括中国、朝鲜、东南亚等，建立日本的大东亚帝国。

　　为做到这一点，日本需确保北线的安定并加强与德意的联合。1941 年 3 月 12 日，松冈洋右乘火车离开东京前往柏林。他在临行前催问杉山大将何时进攻新加坡，杉山对他不抱好感，便不客气地回答说："我现在不能告诉你。"松冈并不生气，到了柏林他仍是精力充沛。会见希特勒时，他好像忘了希特勒的地位和口才，依然是口若悬河，一再敦促德方恪守半年前签署的德意日三国条约。

　　德国方面一再要求日本攻占新加坡，希特勒、戈林、里宾特洛甫等人都当面对松冈说过此事。这个要求虽合松冈本人的意思，但他毕竟是代表日本国，而且军方没有做出确定的答复，因此他也不敢贸然应允，反而话锋一转，大谈日本打算与苏联缔结中立条约之事。德国已有入侵苏联的计划，所以对日本的这个打算加以阻挠。德国外长里宾特洛甫对他的这位日本客人说："怎么能在这个时候签订这样一个条约？请记住，苏联从来不白给任何东西。"

　　松冈依然我行我素，到莫斯科一个星期后，便与苏联方面签订了日苏中立条约。他认为这项条约是他此行的最大收获，不禁感到飘飘然。言谈举止也随便多了，以至于在庆祝条约签订的宴会上出了个大差错。松冈在给心情很好的斯大林敬酒时不加思索地说道："条约已经签订，我不说谎。如果我说谎，我把脑袋给你。如果你说谎，那我一定会来取你的脑袋。"此言一出，举座皆惊，在场的苏联人更是大惊失色：伟大的斯大林同志的脑袋岂能让你这个小日本随便取走吗?!斯大林果然面孔一板，冷冷地对松冈说："对我国来说，我的头是重要的。你的脑袋对你们的国家也是重要的。所以，我们都小心地让脑袋长在肩膀上吧!"

　　6月22日，德军突然大举入侵苏联。刚愎自用的松冈于当日下午5时30分谒见天皇，背弃与斯大林达成的中立条约，提议推迟南进，立刻向西伯利亚发动进攻。他认为"如果德国消灭苏联，我们不能坐享其成"。陆军方面虽不完全反对在北方开战，但在德国打败苏联之前不愿轻举妄动，用杉山陆军参谋总长的话说，就是"我们正在静观时局如何发展"。海军则坚决不同意北上作战，因为南进获成功后，可获得荷属东印度的石油资源，这正是海军十分需要的。

　　在军方的反对下，松冈并没有就此罢手。三天后，希特勒通过里宾特洛甫给德国驻东京大使的电报，正式提出日本进攻苏联的要求。在6月30日召开的联席会议上，松冈借这个要求，再次提出北上对苏作战，推迟南进。他声称："如果战争从南面开始，美苏两国必然参战!"军方此时显然还未做好与美苏两国作战的准备，海军大臣及川也对此感到担心，他问在场的杉山："推迟半年，怎么样?"杉山此时的立场也发生了动摇，但未等他开口，他的副手、陆军参谋次长傲田发表了反对的意见，军方随即又回到原来的立场上。看到这种局面，近卫表态说他同意统帅部的意见，于是联席会议做出南进的决定。由于联席会议的参加者包括首相、外务大臣、陆军大臣、海军大臣和陆军参谋总长、海军军令部总长、参谋次长和军令部次长等政军首脑，所以该会议决定的事通常也就是最终决定，剩下的就是在御前会议上履行批准手续而已。

7月2日，天皇裕仁主持召开御前会议，与会者表情严肃地端坐在会议桌两边。近卫首相起立向天皇行鞠躬礼，随后便以单调沉闷的声调朗读《适应形势演变的帝国国策纲要》，声称"无论世界形势如何演变，帝国将坚持大东亚共荣圈"，"并为确立自存自卫的基础继续向南方扩展，……为达到上述目的，帝国决心排除一切障碍"，"不惜对英美一战"。作为具体实施要领，第一步要占领法属印度支那。

陆军参谋总长起身鞠躬，对南进计划表示支持。"但是，在德苏战争的演变对帝国有利的情况下，使用武力解决北方问题，确保北部边境的安定，也是帝国确实该采取的措施。"

海军方面对南进更加积极，永野军令部总长坚持日本应毫不迟疑地占领印度支那和泰国，"以加强向南方扩展的态势"，为此不惜冒与英美交战的风险。

听到这里，松冈洋右憋不住了。他重复自己反对南进的立场，但在场的陆海军将领们板着面孔，对他那滔滔不绝的陈述不屑一顾。令与会者感到有些意外的是，枢密院院长原嘉道提出口气严厉的质疑，表示不赞成草率对南方用兵："我认为直接单方面采取军事行动，从而背上侵略者污名，对日本来说是不明智的。"而且，"德苏开战对日本来说是千载难逢的好机会，我想诸位也会有同感。苏联向全世界散布共产主义，所以迟早必须把它干掉。……我但愿打苏联的良机早日到来！"

军方领导人虽感到枢密院院长的话"像刀子一样锐利"，但他们明白到最后还得军方说了算。杉山出于礼貌做了简要的回答，重申占领印度支那"对挫败英美的阴谋是绝对必要的。另外，德国的军事形势大好，我认为，日本进兵印度支那不会引起美军参战"。接着与会者经表决通过了近卫提出的《国策纲要》，决定南进。

按照惯例，天皇在这次会议上没有发言。会后，会议通过的文件在宫内省加盖了御玺，首相、陆军参谋总长和海军军令部总长也在文件上签了名。

松冈对这项决定耿耿于怀，在日美谈判中采取了强硬的不合作立场。当东条、及川等人提议继续与美国进行谈判时，松冈讥讽道："我们不在南面使用武力，他们也许才会听你的。别的，他们能接受什么？"近卫也对松冈感到头疼，他故意不与松冈商量，就与其他几位阁僚起草了致美国政府的答复。但考虑到影响，他又不得不将答复交松冈过目。结果，松冈以病为由硬是将这份文件压了好几天，而且指示其副手斋藤等几天再把文件交给美国方面。

陆军对此难以容忍，东条英机直接找到近卫文麿要求免去松冈的外务大臣职务。当时陆军方面的意见是极有分量的，任何一届政府若得不到陆军的信任，陆军就会以指令陆军大臣辞职的方式倒阁。老谋深算的近卫既不敢开罪东条，又不愿与松冈公开闹翻，便想出了内阁总辞职的方法。于是，近卫在 7 月 16 日的内阁非常会议上提出这个建议，松冈仍称病不出，与会者都同意内阁总辞。接着，近卫用了不到一天时间重新组阁，松冈洋右的位置被海军大将丰田贞次郎取代。这样，曾经在日本外交界显赫一时、最富口才的松冈悄然离开了政治舞台，以后历届首相再不敢用他。

丰田贞次郎上任后做的第一件事就是通知日本驻法国维希政府大使，要他转告维希方面：日本军队将于 7 月 24 日开进印度支那南部。维希政府是德国的傀儡，不敢违抗德国盟友的意愿，于 7 月 23 日表示同意日本的这一行动。

美国国务卿赫尔得知这一消息后极为愤怒，立即要求罗斯福总统对日本实行禁运。7 月 26 日，罗斯福下令冻结日本在美国的所有资产，进一步限制与日本的贸易。接着，英国和荷兰也冻结了日本的资产。这些措施引起强烈反响，美国《纽约时报》称美国的行动是"仅次于战争的最猛烈的打击"。美国驻日本大使格鲁指出此举会引起"报复和反报复的恶性循环"，有可能导致公开的冲突。日本方面做出最强烈反应的是海军。海军对美国石油有很大的依赖性，美国削减对日出口石油预示着在日美关系进一步恶化的情况下，美国完全可能全面实行对日贸易禁运。这样一来，海军的储油就只够使用不到一年时间了。所以，海军要求日本政府加速实施南进计划，夺取荷属东印度（印度尼西亚）的石油资源。

五天之后，海军军令部总长永野修身大将拜见天皇时称日本储油有限，提议"在这种形势下，我们还是先动手好。我们定能打胜"。裕仁对这样重大的问题不能再保持沉默，他追问永野道："你能取得伟大胜利吗？能取得像对马海战那样的胜利吗？"永野见天皇如此认真，也不敢把话说满："抱歉，不可能。"天皇听后不禁长叹道："这将是背水一战。"

要说真正开战，日本还没有做好准备。表面上，日美会谈仍在时断时续地进行。美英方面通过对日本外交、军事电报的破译，已了解到日本制订的作战计划和备战活动。不过，两国军事计划官员仍认为日本直接进攻菲律宾和新加坡的可能性并不大。8月9日，风度翩翩的富兰克林·罗斯福总统乘坐"奥古斯塔"号重巡洋舰前往薄雾缭绕的纽芬兰近海，而"威尔士亲王"号也载着英国首相丘吉尔来到这一海域，两位领导人在舰上会面，很快就全球战略问题取得了共识，建立了美英特殊关系。但同时进行的双方军事领导人的会谈就没有这么顺利。英国希望美国更多地参与欧洲的军事行动，包括美国海军派军舰进驻地中海和替横渡大西洋的英国商船护航。美国则将战略重点放在远东，海军作战部部长斯塔克上将宣布："我们正试图建立菲律宾防线，作为保卫印度洋和新加坡的直接防线。"8月12日，双方首脑签署了著名的《大西洋宪章》，对反对侵略、消灭纳粹暴政等原则做了肯定，但具体实施细则却未提到。

日本在备战方面抓得更紧、更实在。日本海军在鹿儿岛本州市的港湾进行攻击珍珠港的训练。本州地形与珍珠港相似，鱼雷攻击机超低空掠过商店、民房上方，向海港内的船只发起模拟攻击。船上的水手们看到径直朝自己飞过来的一队队飞机，不禁目瞪口呆。在就要撞到船只的一刹那，这些飞机突然机头一抬向空中飞去，刺耳的轰鸣声几乎要将船舱的玻璃震碎。"这些家伙大概都疯了吧！"缓过神来的水手喃喃地说。海军轰炸机部队和潜艇部队在九州和四国等地也进行了艰苦的训练。

日本高层也在紧张地制订针对美英荷的具体作战方案。9月2日，大本营陆海军达成一致意见，经与外务省磋商，拟定出《帝国国策实施要领》。其要点为：

一、日本帝国为确保自存自卫，在不惜对美（英荷）一战的决心之下，大致以 10 月下旬为期，完成战争准备。

二、帝国在进行前项准备的同时，对美英应尽一切外交手段，以求贯彻帝国的要求。

三、前项外交谈判，如果至 10 月上旬仍不能实现我方要求时，立即决心对美（英荷）开战。

次日上午 11 时，联席会议在宫内省召开。在南进问题上最起劲儿的海军军令部总长永野对以上文件做了说明："日本在各方面都有困难，特别是物资正在减少，也就是说正在走向衰弱；与此相反，敌人却逐渐强大起来。""如果外交上终于没有希望，就必须快点干。如果现在就打，确信还有胜利的机会，但我担心这种机会会随时间而消失。"与会者没有表示反对，但在海军大臣及川的提议下，将原来的第三条中"仍不能实现我方要求时"改为"仍无实现我方要求的希望时"，其实质内容并无改变。9 月 6 日，御前会议正式采纳了上述《帝国国策实施要领》。

近卫和丰田倾向于通过外交努力解决问题，向美国方面提议双方政府首脑举行会晤，并答应实际上放弃德意日三国同盟条约、实现印度支那中立化和尽一切可能减少在中国的驻军。日本极端主义势力对此大为不满，决定暗杀近卫。9 月 18 日，近卫乘车离开位于东京远郊的别墅时，四名刺客手持匕首和军刀跳上他座车的外踏板，他们拉不开紧锁的车门，正欲砸车窗玻璃时被警卫抓获。

由于到 10 月 10 日外交谈判仍无进展，近卫与几位重臣商量后，决定将外交努力的最后期限定在 10 月 15 日。东条英机对近卫的软弱态度表示轻蔑，他在 10 月 14 日的内阁会议上采取强硬态度，决定搬掉近卫这块绊脚石。当外务大臣丰田表示在日美谈判中，"重点是撤兵，如果能撤兵，谈判就有达成妥协的希望"时，东条立即不顾一切地大声驳斥道："关于撤军，我半点让步也不做！这意味着美国把日本打败了——这是日本帝国历史上的污点！外交的方法，并不是老在让步；有时是进逼。我们如果让步，满洲和朝鲜就会丢失"，撤军"就等于投降，就会越发使美国得意忘形"。他还指责海军态度不明朗。近卫和阁僚们被东条的"炸弹发言"镇住了，惶然不知所措。

由于内阁分歧表面化，东条向近卫提出内阁总辞职。10 月 16 日，日本驻美大使野村电告：他提出的举行最高级会晤的请求再次被置之不理。于是，内外交困的近卫文麿只好辞职。

当天下午 1 时许，宫内大臣木户召集七位前首相（近卫除外）在皇宫西厅召开重臣会谈，推荐新首相的人选。木户首先提名东条英机为新首相，遭到多数人的反对，但又提不出其他能控制住局势，尤其是能够控制住陆军中激进分子的人。枢密院院长原嘉道指出："木户大臣提出的人选并不十全十美，不过，除了他没别的人，那就试试看。"重臣们只得一一点头表示同意。随即，天皇召东条进宫，当面命令他组阁。第二天，57 岁的东条英机在杉山的提议下晋升为大将，宣誓就任首相，同时兼任陆军大臣。

东条内阁组成后积极为战争作准备。在 10 月 23 日—11 月 2 日间，除 10 月 26 日东条英机和海军大臣岛田繁太郎离开东京参拜伊势神社之外，联席会议连续举行，终于在 11 月 2 日下午 1 时半拟定完毕新的《帝国国策实施要领》，主要内容为"现已决心对美英荷开战"，"将发动战争的时机定为 12 月初，陆海军做好作战准备"，"谋求加强同德意的合作"。继续按两套方案与美国谈判。11 月 5 日，该《实施要领》获批准。次日，大本营陆军部向南方军和南海支队下达战斗序列命令，同时命令做好入侵东南亚各预定目标的准备。

12 月 1 日，御前会议在宫中东一厅召开，出席者包括全体内阁阁员。东条英机首先发言，称美国提出的从中国和印度支那撤军、废除三国同盟条约和不承认南京"政府"等要求不能接受，"为了打开目前危局，以求生存和独立，帝国已到了不得不对美英荷开战的地步"。外务大臣东乡茂德随即附和，称美国方面的"上述提案是我方根本不能接受的，除非美方全部撤回其提案，否则，即使以上述提案为基础继续谈下去也几乎不可能充分贯彻我方的主张"。永野军令部总长激昂地表示："陆海军作战部队全体官兵士气极其旺盛，都有誓死报国的决心，一旦接到皇上命令，立即奋勇前进，共赴大任。"

枢密院院长按例进行质询，而后指责美国在谈判中"唯我独尊，冥顽无礼"，而"如果忍辱屈从，则不仅会葬送日清、日俄两战役的成果，而且也不得不放弃满洲事变的成果。是可忍，孰不可忍！"所以"鉴于目前形势，开战实在迫不得已"。

天皇裕仁批准开战决定，在开战文件上加盖御玺。裕仁先前对永野所说的"背水一战"终于到来了。

二

"和平进驻"

日本"南进"政策的确定，与其在北线受挫有关。大本营方面并不想在北线惹麻烦，在关东军"大陆命第343号"中指出，"大本营的意图是，在处理中国事变期间，以帝国军队的一部在满洲戒备苏联，维持北方的平静"。不可一世的关东军不把苏联军队放在眼里，擅自于1939年5月至8月在诺门坎一带向苏军发起进攻，日军主力第23师团被苏军占优势的飞机、坦克和大口径火炮击溃，几乎被全歼，日军死伤达19000人。9月15日，双方同意停战。

诺门坎战败后，日本感到苏军的强大，转而将扩张的矛头转向南方，其首要目标是"和平进驻"法属印度支那（即今天的越南、老挝、柬埔寨）。

当时，该地是盟国援华物资主要运输线之一。日本急欲切断这条运输线。欧洲战局急转直下，为日本提供了大好时机。随着法国被德国打败，主张投降的贝当傀儡政府于1940年6月17日成立。日本政府立刻对贝当政府施压，于6月20日迫使其同意切断援华物资运输线。接着，日军大本营又以"难以看出法属印度支那当局对封闭这一运输线抱有诚意"为借口，于 7 月 2 日派遣陆军少将西原一策在法属印度支那北部设置了常驻办事处，其任务是监督关闭运输线的具体实施。

不久，日本又以调动军队需经过法属印度支那北部为由，对法国维希政府提出军事要求：允许限定数量的日军兵力通过法属印度支那北部和在该地区驻扎，并为此提供所需的一切方便等。

外务大臣松冈洋右亲自出马，在东京与维希政府驻日本大使安里进行谈判，安里接受了日本方面的上述要求，于 8 月 30 日达成协定，即"松冈—安里协定"，拉开了日本入侵法属印度支那的序幕。

在日军大本营的代表与法属印度支那当局代表就具体细节进行谈判时，盘踞在中国广西南部的日军第 5 师团一个大队于 9 月 5 日擅自在镇南关侵入法属印度支那境内，使主张"和平进驻"的东条陆军大臣大为光火。东条当即训令"上述第 5 师团的一部队未按照上级命令而造成的越境事件，即便是由于大队长判断错误而造成的，为了严明统帅军纪也是不可宽恕的"，将该大队长交军法会议处置，其后又罢免了对此负有监督责任的侵华日军华南方面军司令官安藤利吉中将，并分别给予其他相关的军司令官、师旅团长和联队长以罢免、降职等处分。

其实，东条所作的处置是为了更快、更顺利地侵占法属印度支那北部。第 5 师团所属那个大队的侵犯边境事件也是日军大本营一手策划的。9 月 5 日大本营陆军部对侵华日军华南方面军下达的命令便是明证，该命令说："为执行目前任务，应以该方面军一部进驻法属印度支那北部。"

9 月 5 日事件之后，日法谈判陷入僵局。日本方面决定为谈判规定一个期限，9 月 13 日，近卫召集外务和陆海军大臣商议，决定以 9 月 22 日为限，无论谈判是否成功都要实行"进驻"。

第二天，日军大本营命令侵华日军华南方面军司令官："进驻法属印度支那北部的时间定为 9 月 22 日零时（东京时间）以后。进驻时如遇到法属印度支那军队的抵抗，即可使用武力。"命令声称日军此举是为了"建立对华作战的基地和加强切断中国方面补给联络线的作战"。至 9 月 17 日，大本营又将入侵时间推迟到"23 日零时之后"。

9 月 22 日下午 4 时左右，法属印度支那当局在日本方面的一再施压下终于接受了日方的要求，谈判以日方的"成功"而宣告结束。然而，谈判结果未能及时传达到一线部队，因此这场"和平进驻"演变为武力入侵。

中国与越南边界一带树高林密，杂草丛生。虽然到了 9 月，天气仍然闷热难当。边界两边的军队已紧张对峙了一段时间，汗湿的军服贴在官兵们的身上，成群的蚊子、蠓虫和山蚂蟥扰得人们终日不宁。天空不时突降雷雨，战壕工事变成一片泽国。即便如此，双方的戒备都丝毫没有松懈。驻扎在边界北侧的日军第 5 师团已接到第 23 军司令官久纳诚一中将的命令，于 9 月 23 日零时开始"进驻"。

在预定的"进驻"时刻到来时，午夜的寂静立即被震耳欲聋的炮声打破，日军越过边界向南侧的法属印度支那部队发起进攻。出乎日军指挥官意料的是，法属印度支那部队的抵抗十分顽强，日军突击部队多处受阻，推进速度缓慢。

凌晨 3 时，第 5 师团接到立即停止前进和不使冲突扩大化的命令。由于该命令并未要求立即停止一切军事行动，所以日军继续保持攻势。直到 9 月 25 日，战斗才告停止。

另一路入侵日军于 9 月 26 日由海路假道海防港登陆，其主力是西村琢磨少将指挥的 3 个步兵大队。尽管这路日军未遇什么抵抗，但担任掩护任务的陆军飞机仍轰炸了海防西南郊区。事后，日本方面称此次空袭为"误炸"。

经过如此并非"和平"的"进驻"，日本军队开进了法属印度支那北部，由此迈出了"南进"的第一步。日军与法属印度支那部队之间的战斗是第二次世界大战东南亚战场上最早的武力冲突。

美国和英国先后对日本的侵略行为作出反应。9 月 26 日，美国宣布禁止向日本等国输出钢铁。英国于 10 月 8 日重新开放滇缅线，准许援华物资经缅甸运入中国。

另一方面，为"南进"作准备，日本早在 1939 年 2 月就侵占了中国的海南岛，3 月侵占了中国南沙群岛，控制了南中国海海域的制空权与制海权，对美英殖民地构成了直接威胁。

日本国内借日本纪元 2600 年之际，大肆炫耀武力，为独霸东亚、向世界扩张制造舆论。天皇裕仁身着大元帅服，以最高统帅的身份出席了 10 月 11 日在横滨海面举行的特别阅舰式和 10 月 21 日在代代木练兵场举行的特别阅兵式。接着，在 11 月 10 日和 11 月 11 日分别举行纪元 2600 年典礼和庆祝会。首相近卫文麿在仪式上向天皇献上祝寿词，从中反映出日本的侵略野心和伪善伎俩：

> 天皇陛下聪明圣哲，允文允武，凤绍祖宗之丕绩，宵旰图治，弘文教，整武备，威光所被，昭明之化，遍及天下，亿兆臣民皆浴雨露之惠。方今面临世局之骤变，（我皇）或出六师于

异域；或结盟约于友邦，以确定东亚之安定，促进世界之和平。此洵为绝大之盛德，旷古之大业，莫不契合皇祖肇国之宸意与神武天皇创业之宏谟。

与此同时，"南进"计划正在加紧落实。其下一步目标是加强对法属印度支那南部的影响和控制，进而予以吞并，并将日本势力扩展到泰国。

当时日泰关系较为密切，泰国总理銮披汶是一个亲日分子，与日本驻泰国的实权人物、武官田村浩大佐交往甚密。1940 年 6 月 12 日，两国签订了名称离奇的《日泰睦邻友好条约》。

法属印度支那当局表面上与日本关系亲密，实际上对其扩张存有戒备心理，但迫于日方压力，向日本提供了大米、橡胶等重要物资。日本认为该当局中的戴高乐派策动反日，因而应早日进占法属印度支那南部，消除这一隐患。

1940 年 11 月，泰国向法属印度支那提出领土要求，双方产生边界纠纷。日本乘机介入，以调停为名，行侵略扩张之实。日军大本营于 12 月 12 日与内阁主要大臣举行联席会议，松冈外务大臣转述了日本特派法属印度支那大使松宫的建议：要首先解决法属印度支那问题，为此有必要向该地南部派兵。大本营对该建议十分重视，确定下一步目标是在法属印度支那和泰国获取军事基地及两地的战略物资。

根据日本与这两者的关系状况和各个击破的策略，日本采取卑鄙手段，故意在调停中偏袒泰国。但在 12 月 20 日，法、泰双方都拒绝了日本调停纠纷的建议，使日本方面感到意外。

外务大臣松冈洋右此时正为拟议中的欧洲之行作准备，对调停这场冲突没有多大热情，而且对军方的插手似感到不快。他说："外交大权唯有外务大臣来辅佐天皇，外交交给我好了。"同时，针对军方不愿做出进攻新加坡的保证加以讥讽：陆海军有没有攻下新加坡的决心？要是连这种决心都没有的话就不要空谈缔结日泰军事同盟。大本营方面由此也加深了对这位傲慢的外务大臣先生的不信任感。

1941年1月19日，日本驻泰国公使二见发出急电，称边界战局已对泰国不利，而英国有出面调停的企图。松冈此时才意识到事态的严重，连忙敦请召开联席会议，并于当天提出了调停这场冲突的方针和措施，其主要精神是双方立即停战，排除英国的干预，对法属印度支那采取"必要的威慑行动"，达成与泰国的军事协定。1月30日的联席会议进而明确提出，如法属印度支那不肯就范，就"对法属印度支那行使武力"，又确定以3月、4月为外交努力的最后期限。

经过日本的再次提议，泰国和维希政府同意接受日本的调停。调停会议从2月7日起在东京举行，出席者有调停人、日本外务大臣松冈，法国维希政府代表、驻日大使安里和泰国代表旺·怀特亚根。调停过程中，松冈仍然保持他自行其是的风格，起初他按本国拟定的方针，站在泰国一边，压制法属印度支那。但当他看泰国代表感到有日本的撑腰，态度蛮横，不讲道理时，便又心怀不满，抛开本国政府的指令，反而使会谈向有利于法属印度支那一方发展。军方对松冈的越轨之举感到恼怒，曾在2月底打算撇开松冈，直接对法属印度支那动武。

3月11日，冲突双方同意停战，并分别与日本达成协定，规定泰国和法属印度支那都不得与第三国进行任何形式的政治、军事合作。它们终于被纳入了日本的势力范围。这场冲突的结果，正应了"鹬蚌相争，渔人得利"这句古话，尽管如此，大本营仍对未能缔结军事同盟而感到失望。

日本的这种扩张行为引起美英中等国的关注，美国于3月份宣布将武器租借法案的实施范围扩大，将中国包括在内，并于4月提供5000万美元的援助。英国则在3月与中国签订了军事协定，于5月在新加坡举行英中军事会谈，并在这个月的16日宣布禁止向日本出口马来亚产的橡胶。荷兰方面则削减荷属东印度对日本的石油、橡胶、锡等战略物资的供应量。

日本陆海军主张采取强硬对策，于6月11日制订出《关于促进南方施策的方案》，明确提出迅速"进驻"法属印度支那南部，停止与荷兰的谈判，为此"不惜对美英开战"。

在当天举行的联络会议上，松冈与杉山、永野就出兵法属印度支那南部问题展开了争论。松冈对英国可能进行武力干预表示担心，杉山对此表示怀疑，说："我方如果力量大，我想对方不会动手。"永野一改海军方面踌躇谨慎的态度，语气坚定地表示："在法属印度支那和泰国建立军事基地是必要的。谁妨碍就坚决揍他好了，需要打就打。"听到这样的话，不仅松冈，连杉山也感到意外。

松冈不肯就此让步，在6月16日的联席会议上发表长篇大论，强调"如果派兵进驻，去年8月30日签订的松冈—安里协定就要归于废弃"，"对日本来说是一件不守信义的行为"，"日本将会受到国际上的谴责。即使就剩我外务大臣一人，也要严守信义"。在军方权力极盛的时期，敢于如此直言向军方提出挑战的文职官员，恐怕只有松冈。

不过，军方并不把松冈放在眼里，进而讨论了"进驻"的具体事宜。但在如此重大的涉及外交的问题上绕开松冈也是不可能的，因此陆海军两位军务部长专门做松冈的工作，听取他的意见，终于在6月22日说服了外务大臣。这正是德国入侵苏联的那一天。6月28日，联席会议正式决定派兵入侵法属印度支那南部。

令人捉摸不透的松冈外相此时又一次出尔反尔，在6月30日的会议上突然提出不要在南方点火，要进攻北面，将"进驻"法属印度支那南部的行动推迟半年。大本营的首脑杉山和永野坚决主张立刻"进驻"。松冈在与会者一致同意大本营方面主张的情况下，只得表示放弃自己的意见，但以高深莫测的语调对在场的军政领导人说："我预言几年以后的事，不会不中的。我预言，插手南方要闹出大乱子，统帅部长能保证不出乱子吗？"

鉴于驻扎在法属印度支那北部日军兵力的不足，陆军于7月5日下令组建第25军，任命陆军中将饭田祥二郎为军司令官，暂辖近卫师团和独立混成第21旅团。海军也在不久之后组建了隶属于联合舰队的南遣舰队，任命小泽治三郎海军中将为舰队指挥官。入侵部队在海南岛集结备战，预定于7月24日从三亚港出发，实施"进驻"。

从7月14日开始，日本驻维希大使与维希政府代表就日本"进驻"法属印度支那南部问题进行谈判。21日，维希政府在日本"严格尊重法国领土和主权"的条件下接受了其"进驻"要求。23日，双方正式换文，但未等所谓的"共同防守法属印度支那议定书"正式签字（该议定书于7月29日正式签字），大本营陆军部便下令第25军按原计划于7月24日启程。7月28日，日军开始"进驻"法属印度支那南部。由于维希政府方面预先发出了不抵抗的命令，所以日军的入侵得以畅通无阻的进行。日本向全面走向战争迈出了又一步，因此引起美英荷的强烈反应，三国先后宣布冻结日本的资产。印度支那葱绿的橡胶林上空乌云密布，雷声隆隆，一场猛烈的暴风雨就要来临了。

三

"电钻战"

1941 年 11 月 6 日凌晨 1 时，位于中国长春的日军"满洲防卫司令官"官邸内灯火通明，司令官山下奉文中将刚被部下从床上叫起来。此刻，山下正在看东京大本营发来的急电。电文十分简单，命令他 9 日前来东京。

山下接到电文的第一个反应就是"恐怕一定要打仗了！如果这样，定将成为乾坤一掷的战争"。当然，作为驻在国外的指挥官，他并不知道前一天的御前会议作出了于 12 月初对美英荷开战的决定，也不知道在他接到急电的这一天，负有入侵东南亚使命的南方军也宣告成立，寺内寿一大将被天皇亲自任命为南方军总司令，参谋次长塚田攻中将改任该军参谋长，下辖 4 个军，即第 14、15、16、25 军。

到达东京后的第二天，即 11 月 9 日，山下奉文被任命为南方军第 25 军司令官，负责进攻马来亚和新加坡。11 月 10 日，山下应邀出席大本营午餐会，他的座位正好挨着联合舰队司令山本五十六的座位。山本大将比山下年长一岁，留着平头，皮肤呈赤铜色，一看就知道是长期在海上生活的人。山本问道："这次任务，阁下的信心怎样？"山下答道："我认为，问题在于把脚跨到陆地上去。关于这方面，从两三年前就把所有的记录都搜集了起来。事情很清楚，对方是掺杂了印度人的军队，很容易收拾。只要登上陆就一定能成功。"

与此同时，南方军司令部制订了作战计划，将作战分为三期：第一期作战拟攻占马来亚和菲律宾，同时攻占香港、荷属婆罗洲、马鲁古、帝汶等地；第二期作战将攻占爪哇；第三期作战攻占缅甸。为此，第 25 军（下辖近卫师团、第 5 师团、第 18 师团和第 56 师团）负责攻占马来亚、新加坡；第 14 军（下辖第 16 师团、第 48 师团和第 65 旅团）负责攻占菲律宾；第 16 军（下辖第 2 师团、第 38 师团、第 56 混成步兵团）负责荷属东印度诸岛的作战；第 15 军（下辖第 33 师团、第 55 师团）负责攻占缅甸。另外，陆军第 3、第 5 飞行集团和海军南方部队担负掩护、支援登陆和消灭海上敌舰的任务。

11 月 25 日，山下奉文将第 25 军司令部搬到出发地——中国海南岛的三亚港。属下各师团和运输船队也在该地集结。12 月 2 日，登陆部队进行了陆海协同综合登陆战斗训练。下午 7 时 30 分，第 25 军司令部收到了南方军总司令部发出的"寿甲第 5 号"命令："'日出'为'山形'"。命令中的用语均为隐语，其中"日出"是"开战日"，"山形"是"8 日"。日本机要部门在这之前已将 12 月 1 日至 10 日用日本城市名称代替，其顺序为广岛、福冈、宫崎、横滨、小仓、室兰、名古屋、山形、久留米、东京。

12 月 4 日上午 7 时 30 分，入侵马来亚的第 25 军登陆船队在海军南方部队的护航下起锚出发，登陆地点选在泰国南端的宋卡、北大年和马来亚北部的哥打巴鲁。山下奉文在舰长室里脱去外衣，挽起草黄色衬衣的袖子，浑身大汗淋漓，双眼紧盯着前方平静的海面，他心里在想此刻他的对手、马来亚英军司令官帕西瓦尔中将在干什么呢？据情报部门的通报，帕西瓦尔为防止日军在克拉地峡登陆，专门制订了"斗牛士"计划。该计划规定要抢在日军之前派兵占领这一带泰国南部的宋卡、北大年两机场。这个计划是否付诸实施了呢？

其实，山下的担心是多余的。帕西瓦尔此时并不在他自己的司令部里，而是在新加坡英军海军基地一座考究的寓所内酣然大睡。昨晚，帕西瓦尔为英国远东舰队司令菲利普斯上将、"威尔士亲王"号舰长贝尔和"反击"号舰长坦南特举行宴会，酒味醇正的苏格兰威士忌真是诱人，帕西瓦尔不觉之中多饮了几杯。

不过，有"马来通"之称的帕西瓦尔并不是个酒囊饭袋。他从1936年起任马来亚英军参谋长，对当地情况十分熟悉，而且他准确地预料到日军不会直接攻打新加坡，而是先在马泰边界的克拉地峡一带登陆，继而南下。他所制订的"斗牛士"计划就是为了防范这种突袭。但令人不解的是，新加坡的固定炮位大炮都将炮口指向海面，面对马来半岛方向却没有设置这种大炮。

12月6日，山下率领的入侵舰队正绕过印度支那南端向西驶入暹罗湾。帕西瓦尔也回到了位于吉隆坡的司令部，并走访了英印第3军军长赫斯中将。当天下午3时30分，一位驾驶哈德逊型轰炸机在暹罗湾上空执行巡逻任务的飞行员来电报告：在印度支那半岛南端金瓯角东南约80英里的地方，发现一支庞大的日本船队和军舰群，航向西北。帕西瓦尔对此表示怀疑，除了颇有风度地摇摇头之外什么也没做。

几乎是在同时，在新加坡的英军远东总司令、空军上将布鲁克—波帕姆爵士收到了英国驻泰国公使克罗斯比发来的情报："日本船队已从金兰湾、南部印度支那、西贡出发。泰国边境警备队封锁了宋卡、北大年的公路。"但这位总司令对此的反应竟与帕西瓦尔一样，颇感怀疑地摇了摇头。

12月7日是星期天，帕西瓦尔没有去海滩消闲，他在等待新的情报。早上从哥打巴鲁发来的一份电文说，从该基地起飞的一架水上飞机在海上失去联系。将军认为大概是通信设备出了故障，"这些老爷飞机总是这样"。下午5时半，另一架水上飞机的飞行员报告说："运输船一艘、巡洋舰一艘，位于哥打巴鲁以北十英里处，驶向宋卡。"一小时后，另一架哈德逊轰炸机的飞行员发来新的报告："北大年以北60英里处有驱逐舰4艘，正沿海岸南下。"

帕西瓦尔这才去找布鲁克—波帕姆和菲利普斯。三人边喝着白葡萄酒，边商量对策。菲利普斯主张立刻实施"斗牛士"计划，占领日本可能登陆的宋卡和北大年两地。帕西瓦尔听后连说"No，no"，"根据我的判断，日本船队已接近宋卡，大概会在今天深夜抵达那里。但即使现在就下令执行'斗牛士'计划，我军也要在8日凌晨2时之后才能采取行动。这样不仅会违反24小时前有效的条件，而且我军官兵可能也会成为敌坦克的牺牲品。我认为应该避免无谓的兵力消耗。"

英军三位最高指挥官这顿大战前的最后晚餐竟一直到晚上10时30分才结束，所作出的唯一决定是不实施"斗牛士"计划。

夜色笼罩下的暹罗湾海面上，山下的入侵舰队分成三组，向宋卡、北大年和哥打巴鲁登陆地驶去。由于受到前夜暴风雨余波的影响，海浪高达近两米，舰船颠簸厉害。担负在宋卡、北大年登陆任务的第5师团在凌晨4时以后踏上海滩，没有遇到任何抵抗，山下奉文也在宋卡随第二批登陆部队上岸。

在哥打巴鲁登陆的陀美支队（隶属第18师团，由第23旅团长陀美浩少将指挥）就没有这么走运。载运登陆部队的三艘运输船在7日夜11时30分到达预定锚地，接着，担任掩护任务的四艘护卫驱逐舰和一艘轻巡洋舰向海岸上的英军目标猛然射击。8日凌晨2时，5000余名日军在倾盆大雨和惊涛骇浪中向海岸发动冲击。3时30分，登陆部队抢滩成功，这个时间比日本舰队袭击珍珠港早1小时50分钟。日本与英美等盟国的太平洋战争爆发了。

在这一带守卫的英印军队英勇抵抗，从哥打巴鲁起飞的轰炸机从空中打击日军，击沉运输舰"淡路山"号，炸伤"绫户山"号和"佐仓"号。但在天明之后，占优势的日本空军第3飞行集团轰炸了哥打巴鲁和塞塔地区的英军机场，两天之内击毁英空军在马来亚的158架飞机中的三分之一，迫使其他飞机退避到新加坡。帕西瓦尔也命令空军"今后禁止白天出动轰炸"。于是，日军在开战之初就掌握了马来亚的制空权。

新加坡此时虽不是前线，但也人心惶惶。12月8日凌晨4时，日空军机群来到新加坡上空，在机场和市内唐人街等处投掷炸弹。整个空袭过程中，市区一直灯火通明，民防指挥部无人值班，掌管市区照明总开关的人把钥匙带走了，不知去向。空袭中，63人被炸死，133人受伤。

为安定人心，布鲁克 – 波帕姆总司令于 8 日下午 6 时 30 分发布了告全体军民的通告：

> 我们已做好准备。我们早有警觉，有备无患……我们充满信心。我们的防御稳固，武器精良。敌军何足惧？日本连年肆无忌惮地进攻中国，已筋疲力尽。信心与决心，胆识与为事业献身的精神必将鼓舞我们军队中每个战士。至于市民们，无论是马来人、华人、印度人或缅甸人，我们期望你们发扬东方人固有的美德——耐心、坚韧与冷静。这个美德必将有助于将士们取得最后和彻底的胜利。

这份于八个月前写好的通告后来被认为是"史无前例的充满错误判断的文件"。马来亚共有英、澳、印、马军八万余人，没有经过丛林战训练，兵力分散，装备极差，新加坡以外没有 10 厘米口径以上的火炮，也没有一辆坦克。空军飞机数量远少于日本，而且式样陈旧，性能很差，没有俯冲轰炸机、侦察机、运输机等机种。马来亚本地的义勇军不仅战斗力低下，而且恨英国人比恨日本人更甚。

同一天，英国在远东的另一个殖民地——香港也遭到日军的入侵。日军派出由第 38 师团长佐野忠义中将率领的佐野兵团（包括第 38 师团、第 51 师团第 66 联队、第 1 炮兵队、第 45 飞行战队）从北面越过深圳河，向驻守的约一万余名英、印、澳、加等军队发动猛烈进攻。香港守军原先估计日军会从海上进攻，因而在北面的陆上防御显得薄弱。38 架日本俯冲轰炸机炸毁了九龙机场上的 5 架军用

1941年12月，日军入侵香港时向尖沙咀发起进攻

飞机和港口内的 7 架民用水上飞机。日本海军第 2 遣华舰队从海上封锁了香港。但驻守香港的英军司令莫尔特比少将不愿束手待毙，在新界大帽山一线与日军激战。坚守四天，防线终被占优势的日军突破。14 日九龙全部失守，守军退到维多利亚湾以南的香港岛上。

12 月 13 日和 18 日，日军两次派遣第 23 军参谋多田督知中佐渡海前往香港岛劝降，称英军固守香港岛已毫无战略意义，硬打下去还会造成大量平民伤亡。但英国驻香港总督杨慕琦两次均表示拒降。18 日晚 9 时，在密集炮火掩护下，日军分两路乘船渡过维多利亚港，在香港岛东北侧的北角和筲箕湾登陆。守军据守险峻的山地，居高临下猛然射击，使日军的攻势在 19、20 日两天受挫。21 日日军一支部队从香港岛东侧绕过守军防线攻占东南侧的赤柱半岛，更严重的是日军攻占了黄泥涌水库，切断了香港大部分街区的供水。英军的防线已岌岌可危，弹药所剩无几，士气低落。不过，由 1759 名当地英国、中国和其他国家的平民组成的义勇军却作战英勇，战绩令其他正规军为之侧目。

在黄泥涌山峡，日军从阵亡的英军军官身上发现了香港岛防御图，为本方炮兵消除守军火力点提供了很大的帮助，日军的推进加快。入侵的日军在香港各地无恶不作，赤柱半岛的伤兵惨遭杀戮，中、英籍护士遭强奸。

1941 年 12 月 25 日对香港来说是一个黑色圣诞节。英军的防线已退到中环一带，难以坚持下去。上午 9 时，日军释放了两名英方俘虏，命他们带信给英军司令莫尔特比，声称日军停火三小时，英国守军必须投降。下午 3 时 15 分，莫尔特比勉强下令投降，香港落入日本之手。英军方面战死 2113 人、负伤 2300 人，另有 9500 人被俘；日军方面阵亡 1996 人、负伤约 6000 人。

与陆上战况一样，英国在海上也遭到沉重打击。12 月 8 日下午，菲利普斯上将登上排水量达 35000 吨的战列舰"威尔士亲王"号，决定率部前往暹罗湾拦截日军运兵船和护航舰队。但是，由于英国空军已遭重创，马来亚北部的主要机场也被日军炸毁，因此他此次是在几乎没有任何空中保护和空中侦察的情况下出战。黄昏时分，这支由"威尔士亲王"号、"反击"号战列舰和 4 艘驱逐舰组成的 Z 舰队驶离新加坡，踏上了不归之途。

舰队驶过新加坡岛东端的樟宜通讯站时，英军空军中将普尔福特发电向菲利普斯表示歉意："不可能派战斗机掩护。抱歉。"

日军虽未监听到这一电文，但对英美丧失了在这一空域的制空权是清楚的。他们此时也在密切搜寻这支舰队的行踪，急欲将它消灭掉，夺取绝对制海权。

12 月 9 日下午 1 时 45 分，日军 I－56 号潜艇发现了已驶入暹罗湾纵深处的 Z 舰队，随即电告负责这一地区空中作战的海军第 22 航空战队。但因杂波过强，驻西贡的战队基地未收全来电。下午 3 时，I－56 号潜艇再次来电报报告：两艘英国主力舰和四艘驱逐舰在普康多尔岛附近以每小时 14 海里的速度向北行驶。战队司令官松永贞市少将立即下令飞机装上鱼雷和炸弹，起飞袭击，但空袭机群未能找到 Z 舰队。当晚 9 时，三架军用飞机从 Z 舰队上空飞过。舰队指挥官以为是日本飞机，便宣布已被敌方发现，立即返航。其实，这三架飞机是盟国飞机，但不知出于何种原因，飞机驾驶员未与舰队联系。

午夜时分，向南返航中的 Z 舰队收到新加坡的急电："据报敌人已在关丹登陆。"关丹是马来亚东海岸的一个港口城市，位于哥打巴鲁以南约 300 公里处。凌晨 1 时，菲利普斯命令舰队驶往关丹，消灭登陆之敌。但是，这是一个错误的情报，根本没有日军在那里登陆。而这一延搁使 Z 舰队错过了在黑夜掩护下撤回新加坡的机会。

凌晨 2 时许，日本 I - 58 号潜艇发现了英国舰队，便向"反击"号发射了六枚鱼雷，但均未命中。I - 58 号将 Z 舰队的方位和航向报告了西贡的第 22 航空战队司令部。

远在万里之外的伦敦白厅街战时地下室里，丘吉尔首相正与顾问们讨论英国海军的这张王牌究竟如何使用的问题。在场的人认为 Z 舰队在远东已失去威慑作用，应派去执行其他任务。丘吉尔出人意料地提出将该舰队并入美国的太平洋舰队，"以作为一个高尚的姿态"，来把"英语国家紧密地团结在一起"。海军上将庞德主张将这些军舰调回大西洋战区，参加对德海战。这场讨论并未达成一致意见，丘吉尔决定"把问题留在第二天解决"。

10 日天亮后，Z 舰队中的"快速"号驱逐舰对关丹港进行侦察，没有发现任何日军登陆部队。事后查明，那天夜里一头水牛误踩海滩上的地雷，造成了这个错误。

上午 10 时，因油料不足提前返航的"特纳多斯"号驱逐舰被日本机群发现，遭到猛烈空袭，急忙发出呼救信号。菲利普斯收到了这艘澳大利亚海军的老式驱逐舰的信号，立即命令舰队返航，以免被全歼。

10 时 15 分，从"威尔士亲王"号上起飞的一架"海象式"侦察机被日军巡逻机发现。日军飞机尾随这架"海象式"，终于找到了 Z 舰队主力。10 时 30 分，由 50 架鱼雷机和 34 架轰炸机组成的日军第一批空袭机群收到"在关丹东南 70 英里的地方发现敌舰"的信号，立刻向该地飞去。在西贡，松永少将本人穿上飞行服，准备率第二机群出击。

Z 舰队此时对临近的死亡之神毫无察觉，在"反击"号上的随行记者塞西尔·布朗看到一群炮手在玩牌，就为他们拍了一张照片。11 时 7 分，舰上的扩音器突然发出战斗命令："敌机向我逼近。各就各位！"紧接着，军舰左舷上空出现九架"一式"双引擎轰炸机。"反击"号所有高射炮和机枪对着俯冲过来的日本飞机猛烈射击，但未能命中。舰上的一个炮手喊道："瞧那些黄杂种来了！"刹那间，九颗炸弹直向"反击"号落下来。这艘排水量达 26500 吨的战列舰连忙转满舵，以每小时 24 海里的速度躲避。结果仍有一颗炸弹落在机库甲板上，"反击"号起火燃烧，但战斗力没有削弱，水兵们很快将火扑灭。

片刻平静之后，天空又传来隆隆机声，一群日本鱼雷机不顾猛烈的高射炮火直冲下来，其中一架被击中，顿时起火爆炸，一头栽在海里。其他飞机在数十米的低空发射鱼雷，"反击"号和"威尔士亲王"号急忙向两旁躲避。"长矛式"鱼雷没有击中躲避及时的"反击"号，从它的船舷边嘶嘶地掠了过去，但比它大的"威尔士亲王"号却没有这么幸运，随着两声巨响，该舰舰尾被撕裂，舵机失灵，左侧螺旋桨轴被炸断，大股海水涌入左机舱，整个舰身向左倾斜。

"反击"号舰长威廉·坦南特在舰桥上看到"威尔士亲王"号桅杆上升起三颗黑色信号球，知道它已失去控制。他发信号询问旗舰受损失的情况，但得不到答复。此时，只见冒着黑色浓烟的"威尔士亲王"号歪着舰身，缓慢地兜着圈子。坦南特感到情况极为紧急，命令打破无线电沉默，向新加坡报告"敌机正在袭击"。这封电报在中午 12 时 4 分收到，皇家空军飞行员们急忙登上飞机。11 分钟后，六架老式"水牛式"战斗机起飞，向北面 150 余英里的战场飞去。但即使是全速飞行，这种老式飞机也要在 1 个多小时后才能飞到那里。

此时，"反击"号减速向"威尔士亲王"号靠近，准备实施救援。在空中盘旋的日本鱼雷机群转而对"反击"号进行围攻。转眼间，鱼雷从各个方向射来，只听到连声巨响，"反击"号左右舷都被鱼雷击中，其中第四枚鱼雷命中舰舵，舰体开始下沉。坦南特舰长通过扬声器宣布"全体准备离舰"。甲板上硝烟滚滚，到处是尸体和伤员，水兵们站成整齐的队伍往海里跳。船舱进水很快，舰首开始上翘，甲板上的人站立不住，一个个地掉入海中。中午 12 时 33 分，"反击"号舰尾先沉入水中，接着上翘的舰首也很快没入大海，"反击"号沉了。坦南特身穿救生衣，与幸存者一起，奋力在漂着一层又黑又热的柴油的海水中向驱逐舰游去。

天空中，九架日本高空轰炸机又围着受伤的"威尔士亲王"号投弹，高爆炸弹在甲板上爆炸。利奇舰长下令弃舰，但他和菲利普斯上将不愿离舰。他们站在渐渐下沉的"威尔士亲王"号舰桥上向离舰的部下们挥手告别，利奇向他们大声喊道："再见了，谢谢你们。祝你们幸运。上帝保佑你们。"舰尾通气孔里传出了困在舱里无法出来的水兵们的呼救声。下午 1 时 19 分，这艘被称为"皇家海军不沉之舰"的王牌主力战列舰突然向左倾覆，差点压翻了挤满幸存者的"快速"号驱逐舰。在几十秒钟内，这艘巨大的军舰连同菲利

1941年12月10日，被击中的"威尔士亲王"号及其弃船的官兵。正在救援的是英海军驱逐舰"快速"号

普斯上将和利奇舰长一起沉入海中。

当六架"水牛式"战斗机飞到这里时，日本飞机已消失得无影无踪。英军飞行员们看到海面上有许多在水中挣扎的水兵，摇晃机翼给他们鼓劲。水兵们并不慌张，向低空飞行的皇家空军飞机招手欢呼，伸出拇指，表示绝不屈服。

由于日本飞机没有袭击驱逐舰，因而许多落入海中的水兵得以生还。即使这样，皇家海军仍损失了 47 名军官和 793 名水兵。而日军方面仅损失飞机 3 架，战死 21 人。

那天上午，丘吉尔首相在打开文件箱时，床边的电话响了，海军大臣庞德上将用哽咽的声音说："首相，我必须告诉你一个消息，'威尔士亲王'号和'反击'号被日军击沉了——大概是被飞机击沉的。汤姆·菲利普斯淹死了。"丘吉尔吃惊地问道："是这样吗?"得到的回答是"毫无怀疑余地"。他后来在回忆录中写道："在整个战争中，我从来没有受到过比这更直接的打击。当这个可怕的消息压在我心头时，我痛苦地在床上辗转反侧。"Z 舰队的覆灭对英国方面极为不利，英军总参谋长艾伦·布鲁克说："这意味着，从非洲往东经过印度洋和太平洋至美洲，我们已经失去了制海权。"

在空战和海战告一段落后，陆战又占据中心位置。日军在登陆成功后的最初几天主要是加强兵力和进行部署，没有立即发动大规模进攻。英军方面在这个时候共有八万余人，是日军的三倍，但兵力分散，也未发动反攻。英军陆、空军联合司令部连日开会，使许多高级军官生厌。11 日的会议结束后，澳大利亚第 8 师师长贝内特少将对帕西瓦尔说："阁下，战争是无法用文件和会议打胜的。有必要立刻重新整顿战线和集中兵力。"

"不，"帕西瓦尔漫不经心地摇了摇头，"请再看一下马来亚的地图。在半岛调动兵力只有几条路，特别是东岸，这里除了一条干线公路之外没有其他的路，而且道路狭窄。要集中大量兵力是不可能的，敌军到达柔佛巴鲁会逐渐将兵力消耗掉的。"帕西瓦尔没有料到，日军将要沿着这些路状不良的公路，发动"自行车闪电战"。

山下奉文将登陆地点选在宋卡、北大年和哥打巴鲁，就是为了控制这些交通枢纽，以便沿铁路和公路南下进军。当时在马来半岛上，有两条纵贯大半个半岛的铁路。由泰国的宋卡向南不远，铁路分为东西两线，西线经锡特拉、亚罗士打、怡保、吉隆坡到金马士与东线会合。东线经过哥打巴鲁、瓜拉立卑等地。而后，铁路向南通往柔佛巴鲁和新加坡。干线公路沿东西两海岸纵贯南北。

12月的宋卡仍是葱绿一片，绵绵细雨给周围的一切罩上了一层神秘的面纱。"要是在北海道大概已是冰雪世界了，"山下望着窗外的椰林不禁感慨道。要说山下此时对马来作战没有一点担心也不是事实。他清楚地知道，他指挥的第25军的确汇集了日本陆军的精锐部队，第5和近卫师团都是响当当的机械化师团，第18师团也是支善战的部队。以上三个师团加上军附属部队共有125408名官兵和辅助人员，车辆7320辆，马11516匹。对付马来亚和新加坡的八万英军、澳军和印度军本应不成问题，但眼下可使用的登陆部队仅是第5师团的三个联队（分驻宋卡、北大年）和第18师团的一个联队（驻哥打巴鲁），共计26640人，其中作战人员仅17230人，只是敌军在马来亚兵力的约五分之一。而且，马来亚半岛大部分是山地，东西两侧沿海平原地带则河流众多，不利于机械化部队行动。所谓的干线公路也不过只能容两辆车并行，兵力展开困难，还易遭包围、伏击。所以，帕西瓦尔关于日军会在丛林中消耗掉的预测不是没有根据的。

想到这里，山下向部下们布置了他的战术原则："德国的闪电战，是从中央楔入敌阵，而以两翼迂回进行包围的战术。这里则是从公路上一直硬钻到柔佛巴鲁去。不必包围敌人，将残敌交给后续部队去收拾。这不是闪电战，是电钻战！"

从 8 日开始，天气一直不好。天空像是被谁捅了个大口子，雨一直下个不停。负责守卫马来亚最北部吉打州防线的是第 11 印度师的第 6、第 15 旅和第 3 印度军预备队第 28 旅，共八个营兵力，其中英国兵有两个营，其余为印度兵。吉打防线是由几道纵深壕沟、机枪工事、防坦克壕组成的坚固阵地。但大概是由于下雨的缘故，印度兵士气低落，而且一听到炮声就四处躲藏。

12 月 11 日零点，山下奉文向担负进攻任务的佐伯静夫中佐及属下的搜索第 5 联队和第 3 坦克中队、山炮中队下达命令："一辆车停下就扔掉一辆，两辆车停下就扔掉两辆，不论是友军还是敌人，超越过去，只管挺进！受到侧射和背射也不许停车应战！"

下午 1 时左右，日军进攻部队中行驶在最前面的第 3 坦克队的十辆坦克开到了吉打防线跟前，只见沿着道路布置着许多反坦克炮、机枪、装甲车和卡车，但不见人影。坦克边行进边向路两侧开炮，从躲雨帐篷中跑出来的印度官兵惊恐万状，有的用手中的机枪、步枪向坦克射击，有的吓得趴在烂泥中跪拜，也有的甩掉鞋子掉头就逃。英国军人虽勇敢还击，但因反坦克炮均被击毁，无法对付直扑过来的日军坦克。第一道防线被轻而易举地突破了。

当天夜里，英军用猛烈的炮火进行拦截，阻止了日军的推进。

12 日晨，佐伯命令他的部队发起进攻，多次被英军占优势的固定炮位的炮火击退。第 9 旅团长河村参郎少将急调第 41 联队和第 11 联队投入进攻。但在日军再度发动大规模进攻之前，守军却在晚 7 时 30 分主动撤退，将整个吉打防线及吉打城拱手让给了日本人。

连日本人都没有预料到英军会突然退却。原来，第 11 印度师师长马来雷恩在这天早上 8 时向他的上司第 3 印度军军长赫斯请示后撤 30 英里至古仑一带，再与日军对抗。由于赫斯正在乘火车前往新加坡，无法收到这份请示电报，于是，电报交给了帕西瓦尔。

帕西瓦尔立即回电拒绝这一要求，并指出"这样过早而且长距离的退却，会给全军的士气带来灾难"。马来雷恩固执己见，在下午 7 时许再次发电报提出同样的要求，并不等回电就下令所部撤退。这样，混乱的、灾难性的大退却开始了。

第二天清晨，当马来雷恩清点部队时，发现原编制为 2500 人的第 15 旅只剩下 600 人，第 6 旅只剩下一半人，第 28 旅跑丢了一个营。

第 5 师团几乎没费多大力气就于 13 日拿下了吉打州首府亚罗士打，夺取了设施一流的亚罗士打军用机场。机场上大批燃料、炸弹落入日军手中。到此时为止，日军付出的代价仅是 27 名士兵阵亡，比原先估计的阵亡 1000 人低了许多。

15 日，第 41 联队派遣第 3 大队的两个中队渡海进军槟榔屿，至 19 日便兵不血刃地占领了这个重要的海运和采锡工业中心。同时在北大年登陆的第 42 联队沿亚拉—勿洞公路推进迅速，从中路侵入马来亚境内。东路由陀美少将指挥的第 18 师团第 23 旅团所属第 56 联队经激战占据了哥打巴鲁市，至 19 日占领了该市附近的两个机场。

至此，马来亚北部防线被日军全部摧毁，重要军事基地也尽被其占领。

山下奉文于16日把军司令部搬到了亚罗士打。17日定出了作战计划表：

12日28日，进入霹雳河、占领槟榔屿；

1月7日，全部渡过霹雳河；

1月17日，占领吉隆坡；

1月27日，占领柔佛州；

2月11日，占领新加坡。

这份计划出自第25军作战主任辻政信中佐之手，比原定的3月10日占领新加坡的时间提早了一个月。辻政信是一个狂热的扩张主义分子，曾在东南亚一带长期进行间谍活动，为日军入侵作准备。他在陆军参谋总部有不少挚友，其中包括作战课长服部卓四郎大佐等人，所以其能量和影响远远超过了他的军阶，是一个连山下奉文也不敢轻视的人物。所以尽管这项计划并不合山下本人和军部其他幕僚的意思，山下还是立即予以批准。

英军方面也在酝酿一个计划，不过不是进攻计划，而是撤退计划。马来亚半岛上的英军以赫斯中将的第3印度军和贝内特少将的第8澳大利亚师为中心。这两位主要指挥员对作战方针存在意见分歧。赫斯看到自己的部队像退潮的潮水一样向南涌来，主张索性主动退到马来亚半岛最南端的柔佛州，构筑防线，说不定还能抵挡一阵子。贝内特反对消极的退却，提出他的部队由东岸的丰盛港驻地出发，向日军发起进攻，阻止其推进。帕西瓦尔开始不同意赫斯的提议。赫斯便跑到新加坡多次提出警告，如不迅速退兵，北部和中部的英印军有可能被从哥打巴鲁出发的日军拦腰截断，分割歼灭。这样一来，保卫新加坡就成为一句空话了。远在大西洋上乘坐"约克公爵"号战列舰前往华盛顿出席代号为"阿卡迪亚"英美战时会议的丘吉尔首相对马来亚的形势深表忧虑，他在 12 月 15 日给参谋长委员会写了这样一份备忘录："务请注意，最后用来保卫新加坡岛的部队不可在马来半岛作战或被切断。没有什么比这座堡垒更重要。"帕西瓦尔只好放弃原先的意见，同意撤退。

1942 年 1 月 7 日，"阿卡迪亚"会议任命韦维尔将军为远东战区司令。这位头脑冷静的指挥官上任后即赴马来亚北部前线，发现第 11 印度师完全被击败，第 3 军陷入混乱之中，就亲自下了撤退命令。

日军的兵力不断加强，近卫师团已从 12 月 16 日起在宋卡等地登陆，投入战斗。12 月 26 日，日军占领霹雳州首府怡保。1 月 7 日凌晨，第 5 师团第 42 联队用三小时时间，突破了士林河防线，打开了通往吉隆坡的最后一道大门。躲在树林里的斯潘塞·查普曼看到打败自己的日军从眼前大路上经过时，不禁大吃一惊。这些日本人穿着各式各样的服装，衬衣颜色有绿的、白的、灰的，帽子也是钢盔、遮阳帽和棒球帽等等不一而足，比起穿戴整齐的英军简直不在一个水平线上。而且"多数人骑着自行车，两人一排，共有 40—50 排，他们又说又笑，好像去看足球比赛"。这些自行车的车胎大都在烈日下爆裂了，成百辆的自行车一齐行进时轮圈颠簸的声音很响。溃逃的英印士兵以为是坦克追来了，更是把武器、给养扔了一路，仓皇逃窜。

1 月 11 日，第 5 师团未遇抵抗进占马来亚首府吉隆坡。东路的第 18 师团则在 1 月 3 日攻占了关丹机场。

贝内特少将决心一战。他在 1 月 16 日表示:"我军不仅要阻止日军的进击,而且有信心把他们逼入守势。"掌握在他手中的部队只有第 8 澳大利亚师(缺第 22 旅)、第 9 印度师、第 45 印度旅、英国第 2 皇家团及一些炮兵、工兵部队,在实力上已逊于拥有三个师团的日本第 25 军。

在西线士牟拉防守的是第 45 印度旅与澳军两个营。近卫师团第 5 联队担任正面进攻,第 4 联队乘船绕到背后的本加揽登陆,实行前后夹击。这是英国方面马来亚防御战中的最后一次激烈的战斗。

1 月 18 日,第 5 联队在十辆轻型坦克的掩护下,向士牟拉发起猛烈攻击。在正面守卫的澳军第 29 团第 2 营的官兵英勇抗击,击毁 8 辆坦克,守住了阵地。19 日,日军第 4 联队从背后发起的攻击也被击退。但在这天上午 10 时,日军轰炸机扔的一颗炸弹命中了第 45 印度旅旅部,旅长但坎准将及旅部其他指挥官和参谋人员大都被炸死炸伤,现场一片狼藉,与贝内特的联系中断,英印军和澳军失去了统一的指挥。但各部队仍各自为战,坚持到 21 日,终因兵力损耗过大,才突围南撤。士牟拉的失守,动摇了守军的军心,东线部队甚至未与日军接触便开始撤退。

西线的日军第 5 师团和近卫师团,与东线的第 18 师团从两个方向向南迅速推进。1 月 23 日下午,日本南方军参谋长锸田攻率一批幕僚来到吉隆坡的第 25 军司令部,指手画脚,还带了一口袋进攻新加坡的计划。本来就对陆军高层的排挤感到不满的山下奉文很不高兴,他在日记中写道:"总参谋长、部员大举涌来。午饭后竟不辞而归。此辈是何等根性? ……如果做某件事有两种办法的话,南方军

1942年2月日军占领新加坡

保险总是挑选其中那个错误的办法。"山下把那些计划撕得粉碎。

同时，山下的部队继续前进。贝内特放弃了抵抗。1 月 31 日下午 2 时，第 5 师团第 9 旅团率先冲进了新加坡对岸的柔佛巴鲁市。随后，近卫师团的先头部队也进入该市。2 月 1 日拂晓，英军苏格兰团第 2 营的风笛手吹奏着《高地男儿》的曲子最后通过连接马来半岛与新加坡岛的 1000 码长的海峡堤道。上午 8 时，英军工兵奉命炸毁了堤道。

巨大的爆炸声响过之后，堤道被炸开一个很宽的缺口，新加坡又成了一个真正的岛屿。但是，由于计算上的错误，炸药用量不足，缺口处的海水只有四英尺深，日本人可以轻易蹚水过来。

四

"是 Yes， 还是 No"

1942 年 1 月 31 日晚，山下奉文第 25 军所属第 5、近卫和第 18 师团都已先后开进柔佛巴鲁。军司令部设在俯瞰堤道的山丘上的一座宫殿里，环境优雅。整个建筑均为红墙绿瓦，有"绿宫"之称。柔佛苏丹在修建这座宫殿时还在山顶建了一座五层瞭望塔，从这里可以清楚地看到新加坡岛的北海岸。有下属军官指出这里很危险，一发炮弹就能消灭军司令部。山下却不以为然，他认为英国人不会料到他会把军司令部设在英军的炮口下，也不会摧毁这么漂亮的建筑物。山下登上瞭望塔，看到对岸绿色的树林、草坪，不禁赞叹道："果然不同凡响啊！"

新加坡岛与马来半岛的南端仅一水之隔，南面是国际航运要冲——马六甲海峡的东端，海峡南岸是荷属东印度的苏门答腊岛。新加坡战略地位重要，有"远东的直布罗陀"之称。该岛东西长约 40 公里，南北宽约 22 公里。市区和港口在岛的南部，城外还有一些村镇和大片椰林、橡胶园。除了岛北面狭窄的柔佛海峡外，全岛无任何天险可守。

此刻双方的兵力对比是这样的：日军方面可投入战斗的兵力约三万人，英军方面由于援军的到来，兵力仍有 85000 人，但没有空中掩护。帕西瓦尔决定固守海滩，不让日军踏上新加坡一步，他在 1 月 31 日向部下发出号召："我们的任务是守住这座堡垒，直到援军到来，而援军肯定会到来。"

这样，英军的防守重点放在海滩，来自英国、澳大利亚和印度的军人拼命在海岸上修筑工事和炮兵阵地。北岸的东段是一片开阔地，帕西瓦尔认为日军最有可能在这里发起强攻，将较强的英国第 18 师部署在这里。西段是一大片沼泽地，由贝内特的澳大利亚军队防守。

贝内特与帕西瓦尔的看法不同，他认为东北海岸虽是开阔地，但建有许多要塞和基地，岸边有很高的混凝土墙，日军难以登陆，而西北海岸无任何永久性防御工事，会是日军的主攻地点。帕西瓦尔听后坚持说："山下从东北岸来。"只是给贝内特加派了第 44 印度旅。

军方在岛内构筑工事时遭到民间机构和人士的阻挠。帕西瓦尔抱怨道："前些日子为了在高尔夫球场构筑机枪阵地做了调查，但是经理说，改造设施属于常务委员会的权限，说委员会要在 3 月 1 日开会。"在雇用劳工修筑工事方面也遇到困难。当时新加坡的人口是 110 万人，劳动力并不缺乏，问题是军方的工钱标准低，英国陆军部规定的标准是每天 0.45 海峡元，而当地的行情是每天 1 海峡元另加伙食。再者，各部队之间的关系并不好，英国兵和澳大利亚兵互相不买账，谁也调不动谁。印度部队中各种姓、民族之间相互厌恶，矛盾很深。而在动员当地人民保卫家园时，英国统治者又害怕平民掌握武器后会导致反英起义。因此，备战工作拖拖拉拉，毫无生气。

为了对新加坡守军保持压力和进行恫吓，日军每天对岛上目标进行炮击。2月1日，新加坡军港石油罐被击中，顿时冒起滚滚浓烟。机场和其他军事设施也遭到炮击和轰炸，街道上到处都是难民和军人。不少市民争先恐后地乘船逃离这个地方。不过，市区的情况还属正常，电影院、舞厅和餐厅处处客满，商店的货架上摆满了英国国内早已见不到的肉、黄油和各种食品。

在海峡另一边的山下奉文则对打下新加坡充满信心，他早在1月13日就对挦政信说："总之，要堂堂正正地渡过海峡（柔佛海峡），在水源地区的高地线，先行劝告他们投降，如不投降，就随后倾注全部炮火进行歼灭战。"在具体备战中，山下却不是如此鲁莽，而是十分慎重。31日，他在居銮下达的《新加坡攻略计划》中命令为保守秘密，将兵力集结地区内的居民迁出，禁止部队在白天调动，停用一部分天线电话，另设一些电台拍发假电报。山下奉文还鼓励部下想出其他可行的方法贯彻这个计划的精神。

第18师团第56联队的集结地离海边十公里远，但仍将伙房搭在四公里之外的山凹里。第55联队驻地靠前，每顿饭都在离海边八公里以外的地方做好再运来。

各条主要道路都严格实行单向通行，军官的座车也必须遵守这一规定。一次，第56联队队长那须义雄大佐的车错过了拐弯路口，只得绕了八公里的路才到达目的地。

第5师团的隐蔽行动也进行得很成功。所以这两个登陆主力师团在新加坡西北海岸对面的集结与调动未被英澳军队发现。

另一方面，近卫师团则在东北海岸对面大张声势。该师团第5

联队在夜里调动约 40 辆空卡车开着大灯鸣笛行驶，归途则关灯肃静而行，如此不断重复，造成大部队调动的假象，早中晚三次。他们又在橡胶林里点上多处烟火，好像大部队在生火做饭。师团各部队的电台也一齐开机，来回通讯频繁。总之，日本人造成了一种在东北海岸登陆的假象。

为确保迅速攻占新加坡，山下奉文不准其他部队动用支援 25 军作战的第 3 飞行集团。在听说该飞行集团要用于苏门答腊方面的作战时，他勃然大怒道："万一招致意外的延误时，谁来负责？"山下手中掌握的各种军用飞机有 162 架，占据了绝对的空中优势。

作为一名陆军指挥官，山下十分倚重地面炮火的威力。除将第 25 军的全部大炮调到海峡附近外，还得到在菲律宾的第 14 军司令官本间雅晴中将派来支援的野战重炮第 3 联队。到登陆之前，日军共有约 440 门各种口径的炮，其中大中口径炮 168 门，弹药充足。

登陆用的小舟和登陆艇也准备妥当，不过用这些不到 400 艘的小型船把两个师团全部运过海峡估计要用七到十个小时。所以，登陆部队赶制木筏，尽量压缩渡海时间。

在 2 月 1 日至 6 日这段时间里，双方的交战仅限于炮战和空袭。帕西瓦尔给炮兵的指令是："为了能支持三个月的围城，必须节省炮弹。何况进行激烈的炮战，市民一定要动摇。"所以，每门炮每天只许打 20 发炮弹。高射炮也不准齐射，以至于刚从英国运来的新式哈利肯战斗机大部分被在地面上炸毁。

2 月 6 日，山下奉文决定登陆时间为 2 月 8 日。西北海岸对面的橡胶林里，第 5、第 18 师团紧张地进行渡海准备，士兵们来回搬运渡海船只，运送弹药，构筑火炮阵地。工兵部队在测量海水流速、深度，排除可能存在的障碍物。

与此同时，日军加强了对新加坡的空袭。全岛到处都能看到浓烟和火光，被炸身亡者的尸体往往得不到及时掩埋，腐烂的尸体散发着难闻的气味，招来大群苍蝇。港口挤满了等待逃亡的难民。日军在 2 月 5 日炸沉了运送难民的"亚洲特快"号轮船，死伤者不计其数。当时的一位目击者说："新加坡在燃烧、在破碎。它好像一座被丢弃的城市，数以千计的毫无斗志的士兵聚集在空旷的海滨、拉弗尔斯垦地和其他开阔地。他们在日本轰炸机机枪的扫射下成批地死去。"

2 月 7 日傍晚，东侧的近卫师团首先展开佯攻。20 艘汽艇载着 400 名官兵和两门山炮越过海峡，登上了樟宜海军基地外的一个岛屿。第二天拂晓，日军的这两门山炮对准樟宜轰击。英军立即向位于新加坡岛东端的这个基地派出了增援部队。此举分散了英军对西北海岸的注意力，削弱了该地的防守部署。

2 月 8 日天黑后，日军的 440 门大炮对准实里达海军基地的大油库开火齐射，油库爆炸声不断，火光冲天。随后，炮兵将炮口转向西北海岸的澳军防御工事、战壕和铁丝网猛烈轰击。10 时 30 分，日军炮火向纵深地带射击。第 18、第 5 师团的首批登陆部队约 4000 名官兵，扛着各种登陆船只冲下海滩。

日军的炮击摧毁了澳大利亚军队的滩头工事和电话线网。澳军前线指挥官未料想到日军会在这里登陆，负责海岸正面防守的第 18 团第 2 营和第 19 团第 2 营的营长推测："等一会儿炮弹或许会转向东北岸吧。"说话间，日军登陆部队已在几乎未遇什么抵抗的情况下冲上了海滩。

　　10 时 40 分，山下奉文在司令部里看到海峡对岸升起了蓝色信号弹，他知道第 5 师团已登上彼岸，接着，第 18 师团登陆部队也射出了红色信号弹。"上去了，"在场的副官铃木想喊叫，但一时激动竟喊不出来。山下奉文没有这么激动，他知道登陆是否成功还要看能不能在对岸站住脚，现在还不是高兴的时候。

　　由于探照灯和炮兵部队控制在英军手中，所以澳军错过了在日军横渡海峡时予以歼灭的时机。等到英军采取相应措施时，日军已登上了海岸，澳军慌忙射击，但防守力量过于薄弱，日军在沼泽地的热带植物丛中穿插过去，从侧翼对澳军发起进攻。澳军前沿部队死战一夜，未能有效地阻止日军后续部队登陆。黎明时分，日军的数十辆坦克和多门大炮被用木筏送上对岸，两个师团已将一半人马渡过海峡。澳军渐渐抵挡不住。天亮后不久，端着上了刺刀的步枪的日本士兵迈着大步对澳军阵地发动大规模冲锋，澳军士兵被这种不怕死的阵式惊呆了，纷纷掉头逃窜。一个英军军官事后回忆道："他们惊慌失措，小步跑着逃了过来。天上下着瓢泼大雨，多数士兵的脚划了一道道的口子。他们涉过河流，穿过长满热带植物的沼泽地，穿过灌木丛，逃到公路上。他们扔掉了所有东西，扔掉了步枪和子弹……"

　　9 日上午，日军登陆部队越过沼泽地，逼近裕廊机场。澳军其他部队并未立刻被击溃，防守海峡堤道一带的第 27 旅坚守了一整天，到晚上腹背受敌，为免被分割包围才撤了下来。

　　英军在炮兵的掩护下发动了几次反击，但都被日军击退。当天夜里，近卫师团在第 5 师团的左侧登陆，从北面发动进攻。

　　10 日清晨，日军第 25 军司令部渡过海峡，推进到裕廊机场以北的原英军高射炮阵地。盟军东南亚战区司令韦维尔也几乎在同一时间从爪哇乘水上飞机来到新加坡。当天上午，韦维尔对帕西瓦尔大加斥责，帕西瓦尔则反唇相讥，双方大发雷霆。韦维尔拿出刚收到的丘吉尔首相的一份命令，"战斗必须拼到底。战地指挥官和高级军官应和士兵死在一起。英帝国的荣誉在此一举。俄国人正在浴血奋战，美国人固守吕宋岛，因此我们国家的荣誉在此一举。"

韦维尔还来到贝内特的前线指挥部，对这位澳大利亚军官毫不客气，要他带着他手下"该死的澳洲佬""滚你的蛋"。日军的炮弹使贝内特挽回了一些面子，每当炮弹袭来，韦维尔和在场的人都钻到桌下躲避。当天，英军和澳军发动的反击都被挫败。韦维尔当天晚上冒着硝烟飞回爪哇，在码头上岸时不慎跌了一跤，跌断了后背上的两根小骨头。在医院里，他向丘吉尔首相汇报了新加坡的战况：

> 新加坡战况不佳，某些部队士气不高，没有一支部队的士气符合我们期望……现正尽一切努力鼓励进攻精神及乐观精神，但是到今天为止我不能说这些努力完全成功。我已经发布了死命令，绝不考虑投降，所有部队必须继续战斗到底。

到2月11日早晨，日军已攻占了将近半个新加坡岛，先头部队已接近市郊的跑马场，但英军的防御也越来越顽强。日军的弹药越来越少，山下奉文感到他这支人数上居劣势的部队不适于打持久战，必须立刻给英国人施加压力，迫使他们投降。用山下本人的话说就是"我一直担心英国人会发现我们兵力不足和缺乏补给，从而迫使我进行灾难性的巷战"。因此，山下一面调集轰炸机进行密集轰炸，一面派飞机空投一份劝降书，从精神上击垮对手。

11日快到中午的时候，一架日本侦察机在英军阵地上空投下一个系着红白两色飘带的通信筒，内装由山下奉文亲笔签署的劝降书：

> 我基于武士道精神奉劝贵军投降。贵军以大不列颠传统精神为建军根本，并正踞守业已孤立无援的新加坡，用艰苦卓绝的行动与英雄气概提高大不列颠之声威……然从此以后抵抗已属无益，徒使百万居民遭遇更大危险，置之于刀光火影之中。战局既定，新加坡陷落已近在眼前，继续抵抗不仅徒劳，且将为城内广大非战斗人员带来直接损伤，陷百姓于更大痛苦与战祸之中，何况按我军之见，你等继续顽抗已不能再为英军增添声威。

帕西瓦尔将军接过劝降书看了一眼，便扔到一边去了。前线传来布基帖马高地告急的消息，帕西瓦尔速调英军第18师的两个营赶去增援，暂时缓解了那里的被动局面。直到傍晚，日军仍未收到英军的答复，山下奉文生气地在日记上写下了帕西瓦尔拒绝投降的词句。

新加坡城区秩序还没有混乱不堪，国泰大楼的电影院仍在放映《费城故事》，不少人排队购票入场观看。但各条街道上都可以见到衣衫不整的军人，有人在墙上用粉笔乱涂，其中的一条标语是："英国是英国人的，澳大利亚是澳大利亚人的，马来亚只有狗娘养的才要它。"

英国军官和宪兵试图阻止擅自退入城区的部队。一些宪兵想阻拦一批澳大利亚军人，但被他们推到一边。一个澳大利亚士兵用调侃的语调大声说道："哥们儿，让马来亚新加坡见鬼去吧。海军把我们卖了，空军也把我们卖了。这里的土佬儿都不为这个鬼地方打仗，我干吗要干？"

印度兵也不听劝阻。一名印度军官对阻拦他们的英国军官说，他是应该找日本人去拼命，"不过，人家不要你待的地方就别待，你说对吗？"说完就领着手下的人马涌进城去了。

日军的攻击也到了强弩之末。12日在近卫师团的增援下，日军才拿下布基帖马高地，对市区的推进明显减慢，柔佛海峡堤道仍未修复，许多重炮仍在海峡另一侧无法投入战斗。而已运到前线的大炮则弹药不足，许多大炮仅剩几发炮弹。官兵携带的粮食也不多了，不少人只靠干粮袋中仅剩的一点豆浆粉充饥。日军许多军官开始对战局的发展感到忧虑。第25军参谋长宇垣缠中将在日记中这样写道："我希望不至于是巴丹第二。"宇垣这里指的是日本第14军从1月9日起开始对菲律宾巴丹半岛的进攻，因遇到麦克阿瑟所部的顽强抵抗，到2月中旬仍呈胶着状态。朝枝少佐预计，如果英军再坚持一个星期，"他们就会打败我们"。一些军官向山下奉文提议停止进攻，甚至撤回马来亚，但山下对这些提议置之不理，命令部队继续进攻。

2月13日是星期五，这天对新加坡和英帝国都是一个黑暗的日子。最后一艘运载难民的船只驶离港口，但不久就被击沉。在过去的一个星期里，约50艘难民船从港口开出，大部分被日军轰炸机和军舰击沉，遇难者的尸体在海面上漂浮，散发出的恶臭又被潮湿的季风吹到城里。

帕西瓦尔不知日军实力和后勤补给的空虚，打算放弃抵抗，向在万隆的韦维尔请求准予投降。韦维尔一面致电丘吉尔首相，说"担心抵抗怕不会持久"；一面复电帕西瓦尔："你们的英勇抵抗意义重大，必须以最大限度的毅力坚持到最后。"

柔佛海峡堤道于 2 月 14 日修复，日军重炮开始投入战斗。第二天上午，日军切断了新加坡市区的供水。山下奉文于 10 时 30 分来到靠近前线的第 5 师团司令部。他看到英军射来的密集炮火和前面由英军据守的一个个高地上射出的火舌，坚决地命令道："除——粉碎而前进之外，别无他法。不必着急。"虽然日军连日作战，攻击力有所削弱，但山下认为"敌人也很艰苦"，再次否决了副参谋长池谷半二郎大佐要求暂停攻击的提议。

英军方面果然陷入十分危急的境地。澳大利亚的贝内特将军为减少本国士兵的伤亡，节约弹药保护自己，命令部下只有当自己的防线遭到攻击时才予回击。于是，澳军在亚历山大军医院被日军攻占时无动于衷，导致日军对伤病员的大屠杀。野蛮成性的日本兵用刺刀将躺在病床上的伤病员一一刺死，甚至冲进手术室，将手术台上的伤兵杀死，其暴行实在令人发指。

同日上午，帕西瓦尔召开高级军事会议，向与会者通报了汽油和炮弹就要用完和饮用水储量只够用一天的情况。英国殖民当局在此之前已做好了新加坡沦陷的一些处置工作。早在 2 月 13 日之前，托马斯总督就下令毁坏了广播电台的设备，烧掉 500 万面值的海峡元纸币。酒类销售公司也将 150 万瓶洋酒和 6 万加仑中国酒倒入下水道。因此，当帕西瓦尔在会上宣读了韦维尔拍来的授权他决定是否投降的电报后，到会指挥官一致同意投降。帕西瓦尔随即命令销毁密码、机密文件和尽可能多的武器，并派遣纽毕根少将为军使与日军交涉投降事宜。

下午2时刚过，日军第5师团的士兵发现阵地前走来3名打着白旗的英国军人。纽毕根少将带来了帕西瓦尔的亲笔信，信中说愿与日军在新加坡市政厅举行停战谈判。山下奉文看了帕西瓦尔的信后感到不放心，派情报参谋杉田一次中佐驱车前去与英军代表会面。杉田一照面就用日语傲慢地说："如果英军答应投降，可以休战，你们愿意投降?"英军译员西里尔·怀尔德少校说："愿意投降。"杉田立即叫他去把帕西瓦尔带来，让他亲自去与山下司令官面谈投降事宜。

山下奉文接到帕西瓦尔将来谈的报告后，在军司令部穿上笔挺的土黄色陆军服，扎上领带，佩上勋章绶带，还用黑色发蜡染了一下小胡子，接着就带着参谋人员和一大群日本记者前往由他本人指定的谈判地点——布基帖马三岔路北面的福特汽车工厂。

下午4时45分，帕西瓦尔一行搭乘两辆汽车前往福特汽车工厂，杉田就坐在他的身旁。看到这位英军统帅双眼充满血丝，疲惫不堪，消瘦的面庞涨得通红，杉田忍不住用蹩脚的英语结结巴巴地说："我们打了两个多月，现在终于可以结束了。英军作战英勇，我向你表示钦佩。"

在英军代表到达指定地点后一会儿，山下进入谈判室，随行人员一下子就把面积不大的房间挤得满满的。

山下指出："我军除了考虑你们投降之外，其他一律不予考虑。"

帕西瓦尔对此感到不安，他表示他不想再打下去，但在答应投降前应把具体细节议定，并说"在晚上10时30分以前我们恐怕不能做出最后答复"。

山下担心英国人会发现日军的实际处境，更强硬地逼迫帕西瓦尔就范，他粗鲁地说："只要回答能不能接受我们的条件就行了，事情要解决就得快。我们准备恢复攻击。"

当时气氛十分紧张、压抑，双方的译员也不称职。日方的译员讲起英语来结结巴巴，词不达意。杉田替下这个译员，但他的英语也不过关。英方的怀尔德少校的日语更次，他必须一个词一个词地查英日辞典才能勉强译出来，且往往是错误连篇，弄得在场的英国人和日本人都不懂他的话。

帕西瓦尔提议："我们明天上午 5 时 30 分再举行谈判。"山下奉文此时已十分不耐烦，断然否决道："不行！我要求今晚就停止敌对行动。我要提醒你们：没有什么可争论的。"

帕西瓦尔只得低声说："我们将在晚上 8 时 30 分停止射击。"山下说日军可以在同一时刻停止射击，但英军必须明确表示投降，他提高嗓门说："投降还是不投降。是 Yes，还是 No，请作回答。"

"Yes，我同意，"帕西瓦尔脸憋得通红，终于吐出这几个令他感到万分羞辱的字。他又说："我有一个请求。皇军是否可以保护妇孺和英国平民？"

"我们会加以注意。"山下搪塞道。

晚上 7 时 50 分，帕西瓦尔在投降书上签了字。英国在东方的"直布罗陀"——新加坡终于陷落。

在整个马来亚战役及新加坡战役中，双方伤亡人数差不多，都在一万人左右。但英军方面投降的军人共有 13 万多人，马来亚和新加坡全被日军攻占。

1942年2月15日，山下奉文与帕西瓦尔进行谈判。英方被迫同意投降，新加坡陷落

消息传到日本国内，引起强烈反响。《朝日新闻》竟以"大东亚战争大局已定"为题报道这场战役的结果。日军大本营报道部长狂妄地宣称："日本乃照亮世界和平的太阳。沐浴在阳光下者茁壮成长，抗拒阳光者唯有毁灭一途。美英两国都应深思我日本三千年炽热的历史。我庄严宣布，新加坡一陷落，战争大局已定。"

新加坡陷落的第二天，宫内大臣木户就日军的这一胜利向裕仁天皇表示祝贺。裕仁高兴地说："虽然像木户屡次说的那样，但深深感到这完全是由于在最初进行了慎重、充分的研究。"天皇和皇后还下圣旨和懿旨，对山下奉文予以赞赏。

日本国内举行提灯游行，召开庆祝会，政府特向每户发啤酒两瓶、红豆一包、酒三盒，13岁以下儿童发食品一盒，内装糖果点心。

而新加坡人民却遭到空前的大劫难，山下奉文违背了对帕西瓦尔和其他英国军官做出的承诺，将大量欧洲妇女儿童抓起来，关入樟宜监狱，大批华人居民被处决。

日本占领军将新加坡更名为昭南特别市，开始其殖民统治。

五

"我们结束了，女王万岁"

　　荷属东印度出产石油、橡胶等战略物资，盟军东南亚司令部
（即 ABDA 司令部①）也设在该地爪哇岛的万隆市，战略地位十分重
要。守卫该地的荷兰东印度军队约十万人，另有一些英美澳陆海军
部队，武器装备陈旧。而且荷属东印度有大大小小 3000 多个岛屿，
防守十分困难。

　　日本陆海军大本营对此十分了解，对马来亚和菲律宾的作战也
是为了扫清攻占荷属东印度的障碍。为完成对这一战略资源地的侵
占，大本营于 1941 年 11 月 6 日下达组建担负该项作战任务的第 16
军的命令，任命今村均中将为军司令官、冈崎清三郎少将为军参谋
长，下属第 2 师团和第 56 混成步兵团。其后，该军又得到扩充，
1942 年 1 月 4 日编入曾攻占香港的第 38 师团，1 月 14 日又编入曾攻
占马尼拉的第 48 师团。此外，为配合攻占爪哇岛，大本营命令第 3

飞行集团和海军第 3 舰队、第 11 航空舰队及南遣舰队协同作战。这样，日军在兵力上占有优势，而且第 16 军所属部队具有丰富的战斗经验，战斗力较强。

在进攻马来亚和菲律宾之后的第八天，即 1941 年 12 月 16 日，日军也将侵略魔爪伸向了荷属东印度。不过，最早打入婆罗洲北部的是南方军的一支直属部队——川口支队。该部队隶属于第 18 师团，由步兵第 35 旅团长川口清健少将指挥。由于婆罗洲北部防御十分薄弱，川口支队于当天就占领了米亚和斯里亚，25 日又占领了 500 余公里以外的古晋。1942 年 1 月 11 日第 16 军坂口支队夺取婆罗洲东北海岸的打拉根，1 月 24 日攻占打拉根以南约 600 公里处的另一个港城——巴厘巴板。1 月 31 日第 16 军东方支队占领西伯里斯以东的安汶岛。至此，日军将爪哇海以北各岛置于其控制之下。

要拿下荷属东印度的政治、军事中心——爪哇岛，还须先攻占爪哇岛以西的苏门答腊岛。日军担心荷兰人会炸毁巴邻旁（巨港）的油田和炼油厂，决定采取空降战。同时，为避免新加坡陷落后，荷属东印度方面会加强戒备，因此，日军选定 2 月 14 日为出击日。

2 月 14 日，马来半岛阳光明媚，微风轻拂，碧绿的橡胶叶传来一片沙沙的声音。南方远处传来低沉的枪炮声，新加坡的英军正与日军进行激烈的战斗。居銮机场在平静了几日之后，突然又呈现出紧张忙碌的场面。地面空勤人员在给一排排战斗机、轰炸机和运输机加油、装弹。第一伞兵挺进团的伞兵正匆匆登上运输机。团长久米大佐也登上了他的座机，他从座舱窗口向上眺望，庆幸遇上了这么个难得的好天气。

机场控制塔发出起飞的讯号。一架架飞机腾空而起，向东南方飞去。在空中，机群与从卡罕机场起飞的另一个机群会合，编队继续前进。不一会儿，机群飞到新加坡附近。从储油罐和建筑物中冒出的滚滚浓烟使天空变成一片暗灰色，能见度大大下降。飞行员们尽量保持彼此间距离和队形，伞兵们则在专注地默记要降落的地貌。

上午 11 时 26 分，伞兵团分两部分分别在巴邻旁机场和巴邻旁炼油厂附近实施降落，守卫机场的防空部队用十余门高射炮和高射机枪猛烈射击，但很快被日军轰炸机的机枪和炸弹摧毁。五架战斗机匆忙起飞迎战，击落日军运送物资的运输机一架，迫降一架运送伞兵的运输机，但在与日军战斗机的力量悬殊的空战中被击落三架。

日军伞兵在地面集结后向机场发起进攻，机场守卫部队顽强抗击，从巴邻旁兵营赶来的增援部队遭到日伞兵的阻止，未能到达机场。当晚 9 时，日军从东西两侧突破防线，很快便完全占领了整个机场。

另一支日伞兵部队攻打炼油厂，遇到荷兰守军的有力抵抗。至 15 日凌晨，日军攻下了慕西河西的厂区。在河东厂区的战斗更为激烈，双方的炮火引燃了厂内设施，火光冲天。

15 日中午，第 38 师团先遣队乘坐舟艇从海中逆河而上，与伞兵部队会合后，于傍晚时分完全占领了市区和炼油厂。17 日傍晚，第 38 师团主力乘船抵达巴邻旁外的慕西河口，第二天下午 3 时在巴邻旁上岸，迅速占领苏门答腊岛南部，没有遇到什么强大的抵抗。这样，日军到达与爪哇西端孔雀港仅一水之隔的地方。同时在爪哇岛东面的巴厘岛，另一支日军进攻部队已在附近抛锚。

在爪哇岛西部万隆市的盟军东南亚战区司令部里，阿奇博尔德·韦维尔用他仅存的一只眼睛紧盯着挂在墙上的军用地图，一言不发。参谋人员深知他的脾气，在他沉默的时候，最好别打扰他，否则只能是自找没趣。韦维尔将军时年 59 岁，身体壮实，年轻时参加第一次世界大战，在比利时的伊普雷作战时负伤，一只眼睛失明。"二战"中，他先在中东指挥英军打了胜仗，不久又接连失利，被调到印度任总司令。在阿卡迪亚会议上，韦维尔又受命于危难之时，出任东南亚盟军总司令。当时英国军方领导人认为这项任命是美国人耍的花招，"让一位英国指挥官去承担就要落在我们身上和美国人身上的灾难的责任，这将是很不幸的"。丘吉尔首相并不这么看，他说他不相信罗斯福总统想"嫁祸于我们"。细想起来，韦维尔从 1941 年 12 月 26 日出任这个新职务以来，盟军在东南亚连遭败绩，马来亚、新加坡相继陷落，婆罗洲、西里伯斯群岛尽被日本人占领，在菲律宾美军的抵抗越来越艰难，缅甸的英军也是节节败退，现在日军已打到了自己跟前。韦维尔想到这里不禁叹了一口气，但仍一言不发。他转身看了一下日历，"噢，今天是 2 月 22 日了，得向首相汇报一下这里的情况了。"他一边这么想一边拿起笔来，拟定电文：

> 我担心 ABDA 地区的防御已经崩溃，爪哇势难长时间防守……现在再向爪哇投入不论什么力量对延长战斗已不能起多大作用，这主要是你要挽救些什么的问题……我认为这里的司令部再存在下去已无甚用处……最后，谈谈我本人。你认为派我到什么地方合适，我都将一如既往全心全意地为你效劳。我在这里辜负了你和总统的希望，如果当初另选能人的话，也许能够成功……我极不愿意离开这些意志坚强的荷兰人，如果你

1942年初，荷属东印度士兵在抗击日军

认为这样做尚有好处的话，我将留在这里尽可能长久地与他们并肩打到底。

不管韦维尔后面这几句话是否发自内心，他还是在三天之后将守卫爪哇的重任转交给荷兰总督，自己乘飞机走了。

荷兰海军司令赫尔弗里希上将主张在海上打败日本人，拒敌于爪哇岛之外，但 ABDA 海军司令、美国的哈特将军认为爪哇已守不住了。设在华盛顿的盟军联合参谋长委员会决定将指挥权交给荷兰的赫尔弗里希将军，其用意是宁可让荷兰人自己承担其殖民地失守的责任。

赫尔弗里希上任后，采取主动迎击的战术，2 月 24 日就取得了一次不小的胜利。这一天，四艘美国老式驱逐舰冒险开进已被日军占领的婆罗洲和西里伯斯之间的望加锡海峡，一举击沉 3 艘日本运输船。

2 月 25 日，盟军的飞机在例行巡逻中发现两支庞大的日军船队向爪哇岛驶来。这就是日军第 16 军进攻爪哇的东西两路进击部队。东路进击部队由第 48 师团组成，分乘 40 艘运输船，由高木武雄海军少将率领的 2 艘重巡洋舰、2 艘轻巡洋舰和 14 艘驱逐舰护航。西路进击部队是第 16 军的主力第 2 师团、东海林支队（由第 38 师团第 230 联队长东海林大佐指挥的 3 个大队组成）和军直属部队，分乘 56 艘运输船。护航舰队包括"龙骧"号航空母舰、4 艘重巡洋舰、3 艘轻巡洋舰和两队驱逐舰。而赫尔弗里希的 ABDA 联合舰队一共只有 9 艘巡洋舰和 11 艘驱逐舰，但他不畏强敌，下定决心要在海上消灭尽可能多的敌人。

2月26日快到中午时分，两架盟军飞机发现东路船队已驶到离爪哇岛东端不足200海里的地方，当即报告了赫尔弗里希上将。赫尔弗里希立刻命令荷兰海军少将卡雷尔·多尔曼在天黑时率15艘军舰出海拦截，他在命令中说："跟踪追击直至全部消灭日军。我们必须履行我们的职责，直到最后时刻。"

几个小时后，赫尔弗里希接报西爪哇以北海面又发现日军舰队，急命仅剩的3艘巡洋舰和2艘驱逐舰前去迎敌。这支以"霍巴特"号巡洋舰为首的小舰队根本无法与庞大的日军舰队较量，还未与日本军舰交火便遭到猛烈的空袭，但都很幸运地从爪哇岛与苏门答腊岛之间的巽他海峡逃脱，驶往锡兰。

晚6时30分，多尔曼的舰队在暮色中驶离苏腊巴亚（泗水）。这十余艘军舰分属四个国家，各有自己的作战原则和方法，在性能方面也有很大差异。当时在美国"休斯敦"号重巡洋舰上服役的一位上尉形象地描述道：每艘军舰都像是挂头牌的大明星，没有经过任何排练就在一起合奏《圣母颂》了。

舰队在海上搜寻了一整夜，但未找到日军舰队，黎明时分开始返航。当天（27日）上午，美国小型航空母舰"兰利"号运送一批战斗机前往爪哇岛南岸中部的芝拉扎，途中，在距目的港不远的海上被日军飞机炸沉。

下午2时30分，多尔曼的舰队刚返抵苏腊巴亚，盟军飞机又在北面约90海里的地方发现日军东路进击部队的船队。多尔曼立即用信号灯向舰队发出命令："跟着我，敌人在90海里外。"

舰队昨夜空转了一夜，此时得到作战的命令，官兵们顿时情绪高涨。这次舰队出航的阵形以3艘英国驱逐舰打头阵，接下来是多尔曼的旗舰、荷兰轻巡洋舰"德吕特"号，后面依次排列的主力战舰是英国重巡洋舰"埃克塞特"号、美国重巡洋舰"休斯敦"号、澳大利亚轻巡洋舰"珀思"号和荷兰轻巡洋舰"爪哇"号。另外两艘荷兰驱逐舰和四艘美国驱逐舰在右翼担负掩护的任务。

这支舰队的军舰设施陈旧，均没有雷达装置，空军方面又未能派出飞机侦察。因此，多尔曼对视野以外的敌情一无所知。而就在ABDA舰队西北几十海里以外的海上，高木武雄少将通过派出的三架水上飞机，已把多尔曼的位置及舰队配备都了解清楚。日本海军与盟军海军的总力量对比是18艘比15艘，但盟军多一艘巡洋舰，可以说在实力上双方相差并不大。

此时，日本舰队展开战斗队形向东南驶来。身穿白色水兵服的水兵们正紧张地搬运炮弹和鱼雷，他们的额头上都缠着驱邪保平安的白布条。军官们则笔直地站在自己的岗位上，密切搜寻目标。虽说暹罗湾一战，日军击沉了声名显赫的"威尔士亲王"号和"反击"号战列舰，但那是航空兵的功劳。日本海军自对马海战以来，还没有打过一次像样的大海战。

多尔曼的旗舰"德吕特"号上部构造庞大雄伟，高耸的桅杆更是独特的标志，据说瞭望兵在这么高的桅杆上能发现更远的敌舰。不过，这样的桅杆也是很容易被敌人发现的。果然在下午4时，田中赖三少将的"神通"号巡洋舰首先在17海里之外发现了"德吕特"号，接着高木的旗舰"那智"号重巡洋舰和其他军舰也发现了盟军舰队。

4时15分，高木在距盟军舰队约28000码的地方命令"那智"号和"羽黑"号重巡洋舰上的8英寸口径重炮齐射，20门大炮的炮口立刻射出一串火焰。"德吕特"号和跟在后面的"埃克塞特"号上的12门8英寸大炮随即还击，但数量上占优势的6英寸火炮射程较近，还用不上。多尔曼指挥舰队接近日舰，以发挥小口径火炮的优势。日舰速度很快，在盟军舰队前做"T形迂回"，用舰舷对着盟军舰队，以充分使用所有大炮射击。多尔曼看出了高木的战术，命各舰左转20度，避开日舰重炮的射击。高木随即跟着转变，两支舰队立刻穿插在一起，并肩朝西行驶。

"那智"号舰长长泽报告：敌舰进入鱼雷射程之内。高木本人就是一位潜艇专家，立刻下令："开始攻击！""那智"号上使用的是一种新型鱼雷，采用了氧气推进系统，在水面飞驰时不冒气泡，几乎看不到航迹，射程达30000码。不过，也许是新产品性能还不稳定的缘故，"那智"号发射的鱼雷在半途就自己爆炸了。多尔曼以为水下还有日本潜艇，高木一时弄不清是怎么回事，急令减速。日舰上的大炮仍在射击，一发8英寸口径炮弹击中"德吕特"号的轮机舱，万幸的是这颗威力强大的炮弹没有爆炸。而"埃克塞特"号就没有如此幸运，"羽黑"号射出的重磅炮弹击中这艘英国军舰的高射机枪台和锅炉舱，熊熊大火从舱中燃起。"埃克塞特"号船速明显减慢，已无法继续作战，只得转舵掉头退出战斗。跟在它后面的盟军舰只以为旗舰命令撤退，都跟着它转舵南拐。

多尔曼发现自己的舰队出现混乱，刚想发信号予以制止，突然发现自己落入重围，急忙左拐突围。5时15分，荷兰驱逐舰"科顿艾尔"号在混乱中被鱼雷击中，拦腰炸成两段，沉入海中。

"德吕特"号乘机冲出重围，多尔曼发出"全体舰只跟我来"的信号，向东南方退却。"埃克塞特"号跟不上队，被两艘日本轻巡洋舰咬住，附近的"伊莱克特拉"号驱逐舰不畏艰险，全速前来救援，奋力击沉一艘日本驱逐舰，但自己的轮机舱也连中数弹，沉入大海。几艘美国驱逐舰施放烟雾，掩护"埃克塞特"号安全退出战场。

这时，"那智"号和"羽黑"号率一队驱逐舰又追了上来，美国驱逐舰队司令宾福德一边命令各舰施放烟雾，一边在距日舰约10000码处发动鱼雷攻击。虽然这些鱼雷没有命中目标，却使日本舰队掉头向北撤去。

多尔曼不愿就此罢手，但越来越暗的暮色和海面上的硝烟阻碍了视线，他急切地询问赫尔弗里希："运兵船队在哪儿?"下午6时30分，盟军舰队调转航向，开始在黑茫茫的海上寻找日本舰队。此时，日本舰队已转移到30英里以外的海域，继续向南行驶。

几架日军侦察机紧盯着盟军舰队不放，不时投下照明弹。盟军用高射枪炮驱赶它们，并转向南行驶，试图摆脱这些飞机。晚9时半左右，舰队后面一声巨响，美国驱逐舰"木星"号一片火焰，发出呼救"我遭到鱼雷袭击"。附近并没有日军舰只，所以它很可能触发了荷兰人在爪哇沿海布下的水雷。美国驱逐舰队司令宾福德向多尔曼提出请求：由于一舰下沉，其余舰只燃料所剩不多，需回苏腊巴亚。多尔曼批准这项请求。

多尔曼率其他舰只紧张地继续搜寻日舰队。一小时后，舰队回到傍晚时与日海军交战的海域，发现海面上漂浮着的盟军水兵。驱逐舰留下来营救和寻找幸存者。"德吕特"号与其余三艘巡洋舰失去了驱逐舰的护卫，而且在实力对比上已远不如敌人。

晚上约11时，"那智"号上的瞭望兵从舰桥上的专供夜间使用的望远镜中发现了盟军舰队。几乎与此同时，"德吕特"号也发现了"那智"号和"羽黑"号，率先向日舰开炮，紧随其后的"珀思"号、"休斯敦"号和"爪哇"号也开炮射击，双方射向天空的照明弹顿时将这一带海域照得如同白天一样。

在日军的两艘主力舰吸引盟军全部注意力的时候，日本另一艘轻巡洋舰"神通"号率驱逐舰队静悄悄地开过来，在10000码以外向盟军舰队发射一排鱼雷。一发威力强大的"长矛式"鱼雷击中"德吕特"号的尾部，引起大火。这时，舰上的信号弹储藏库被引燃，顿时五光十色的信号火箭四射，夜空中出现一片壮观的烟火。四分钟后，日舰射出的又一排鱼雷又击中了另一艘荷兰巡洋舰"爪哇"号。这艘军舰上烈火熊熊，很快便舰首翘起，垂直沉入海中，几百名官兵随之落入海里。"德吕特"号上的大火无法扑灭，船舱大量进水。多尔曼在最后时刻向两艘未受伤的巡洋舰打出信号，要它们迅速撤走，不要去救落水的荷兰官兵。日舰发出的炮弹连连击中"德吕特"号。不一会儿，多尔曼和366名荷兰官兵随舰沉没。

盟军海军的灾难并未就此结束。在海战中被击伤的英国巡洋舰"埃克塞特"号在英国驱逐舰"冲突"号护卫下驶回苏腊巴亚。皇家海军机械师紧张地抢修被击坏的部位，医疗人员用担架将伤员担下来救治，另一些士兵把阵亡者运到岸上安葬。

当天（27日）傍晚，港内的盟军舰队开始撤退。三艘美国驱逐舰向东，经巴厘海峡顺利撤出，驶往澳大利亚。另一艘美国驱逐舰"约翰·保罗"号和"冲突"号一起护卫"埃克塞特"号向西驶入爪哇海，准备在第二天夜晚驶出爪哇岛西侧的巽他海峡前往锡兰。

盟军的另两艘巡洋舰"休斯敦"号和"珀思"号从战场撤出

后，直接驶抵爪哇岛西部的巴达维亚，稍作休整，也于这天傍晚驶离该地，打算经西侧的巽他海峡撤退。这两艘军舰本可以安全撤离，但当它们驶经孔雀港时发现了泊于港中的日军西路进击船队。"珀思"号舰长沃勒上校决定发动攻击。10 时 30 分左右，"珀思"号和"休斯敦"号向日军运兵船开炮，几艘日本运输舰着火，其中一艘下沉。第 16 军司令官今村中将的船也被击中，今村被炮弹爆炸的气浪掀入海中。黑暗中，他抓住一块木头，游到了岸上。日军舰队迅速开过来，封锁了出港的通道，向盟军军舰胡乱开炮、发射鱼雷。

午夜前不久，"珀思"号右舷的水兵食堂中弹，接着右舷前锅炉舱被一枚鱼雷击中，失去动力。"珀思"号成了日本海军的靶船。两枚鱼雷又击中舰身，"珀思"号翻身沉没。"休斯敦"号舰身装甲较厚，但也抵御不了日军重炮和鱼雷的打击。零时 15 分，数发炮弹击中了后轮机舱，舱内水兵全被炸死，蒸汽四泄，舰速明显慢下来。美军炮手们仍在顽强地还击，前主炮接连射出 8 英寸炮弹，直到炮弹全部打完。这时候，"休斯敦"号中部被三枚鱼雷击中，舰身剧烈摇晃，船舱进水。舰长鲁克斯刚下令弃舰，一发 5 英寸炮弹击中舰桥，鲁克斯被炸身亡。围在四周的日本军舰一齐用探照灯照射着这艘缓缓下沉的美国军舰。一刻钟之后，"休斯敦"号在海面上消失了。"休斯敦"号上的 1000 余名官兵和"珀思"号上的 680 名官兵中只有不到一半人跳海逃生，但被日本人捉住关入了战俘营。

另一般荷兰驱逐舰"埃弗森"号从巴达维亚出航稍迟，未赶上这场海战，后来在巽他海峡中遇到两艘日本驱逐舰，黎明时分被击沉。

至此，尚在爪哇海上向西撤离的"埃克塞特"号和两艘驱逐舰是盟军在这片海域仅存的海上部队。这支小舰队上的官兵并不知道这天夜里的孔雀港海战，也不知道巽他海峡已被日军封锁，继续以每小时20多海里的速度向西驶去。

3月1日上午9时30分，高木终于又发现了盟军的这三艘军舰，全速驶到前方进行拦截。"埃克塞特"号只得掉头向东逃去，两艘驱逐舰施放烟雾进行掩护。从"龙骧"号航空母舰上起飞的日本俯冲轰炸机和水上飞机紧缠着盟军的军舰。"埃克塞特"号拼命开炮还击，高射炮弹在空中爆炸，留下一团团硝烟。约10时30分，它的锅炉舱被炸毁，戈登舰长只得下令弃舰，赶过来的日本舰队射出一排排致命的鱼雷，将"埃克塞特"号巡洋舰和"冲突"号驱逐舰送入海底。另一艘美国驱逐舰幸运地驶入一片暴雨区，躲过了日军的攻击，得以逃脱。

爪哇海海战至此全部结束，日军大获全胜，只损失了四艘运输船，其中包括被己方鱼雷误中的在内。而盟军的舰队除四艘美国驱逐舰得以逃走外，全部被击沉，舰队司令多尔曼和盟军海军官兵数千人战死，数百人被俘。爪哇岛的盟军在失去空中保护后又失去了海上屏障。3月2日午夜，一架美国水上飞机从万隆附近的一个湖上升起。赫尔弗里希和另外34人乘坐这架飞机前往锡兰，他的舰队没有了，他这个空头司令留在这里已毫无意义。

盟军海军的殊死奋战，只使日军的登陆时间推迟了一天。3月1日拂晓，日军登陆部队分三路在爪哇登陆：东路的第48师团和坂口支队在苏腊巴亚西面的克拉甘登陆；军主力第2师团在西端的孔雀港、潘达湾和加拉旺角一带登陆；东海林支队绕到巴达维亚以东的坎丹奥登陆。登陆行动进展顺利，未遇到盟军的有力抵抗。

爪哇盟军士气低落，无心恋战。东路第 48 师团于 3 月 4 日渡过梭罗河，连战连捷，6 日攻克苏腊巴亚西南 45 公里的门户格雷西。盟军向苏腊巴亚以南地区灌水，企图以此阻止日军前进。日军掘开堤坝放水，降低了水位。在日军发动攻击之前，盟军于 8 日上午 11 时派使者到日军阵地要求投降。下午 3 时，师团长土桥勇逸中将在指挥部会见爪哇州长，日军以荷兰方面统帅责任不明确，拒绝停火受降，在下午 6 时将部队开入东爪哇重镇和海军基地苏腊巴亚。9 日傍晚，土桥召见荷兰东爪哇司令伊尔亨少将，命令他接受日方的投降条件，解除全部武装。东爪哇战事至此结束。

西路的第 2 师团遇到了澳大利亚军队的猛烈抗击，至 6 日晨才攻下巴达维亚以南约 49 公里处的茂物。当时茂物的澳大利亚守军也不过两三千人。在此之前，防守空虚的巴达维亚已在 5 日上午被日军第 2 师团佐藤支队攻占。东海林支队登陆后迅速南下，于 7 日抵达万隆城下。盟军派使者来到日军指挥部要求停战。8 日上午 10 时，东海林大佐会见万隆防卫司令贝斯曼少将，令其投降。贝斯曼见大势已去，只得命令所有部队放下武器投降。他在万隆民用电报局发出的电报说："我们结束了，来日再见。女王万岁！"

日军另一支部队——坂口支队横扫中爪哇地区，相继攻占三宝垄、苏拉卡尔塔、日惹、马吉冷（马格朗）和普禾加多等重要城镇，于 3 月 8 日占领中爪哇南海岸战略要地芝拉扎。9 日中午，该地区守军指挥官科库斯少将派人到日军阵地要求商讨投降事宜。10 日中午，日军坂口支队长、混成第 56 步兵团长坂口静夫少将在普禾加多约见科库斯，接受了荷兰方面的投降。

由于苏腊巴亚、万隆、芝拉扎等地荷军指挥官先后投降，盟军抵抗亦告结束。爪哇的全部荷兰军队和一万余美英澳军大都未作认真的抵抗就做了日军的俘虏，这与盟军海军在爪哇海的英勇战斗精神相去甚远。这样，整个东南亚地区尚未被日军征服的国家除了菲律宾之外，只剩下西面的缅甸了。

中国远征军在缅甸行

六

兵败缅甸

缅甸东邻泰国、法属印度支那和中国，西与印度接壤，是英属殖民地。中国人习惯上将缅甸称为"金孔雀"，尤其是到 1941 年年底时，这只"金孔雀"对中国来说尤为珍贵和重要。在日本吞并法属印度支那后，缅甸成了盟国援华战略物资进入中国的唯一通道，仰光则是战略物资转运中心。仰光港内，悬挂星条旗、米字旗和镰刀斧头旗的商船进进出出。码头上堆积着一座座小山似的各种军火和战略物资，工人们紧张地将这些物资搬上守候在那里的一队队大卡车。仰光向北经东瓜、彬文那、曼德勒、腊戍进入中国直抵昆明的滇缅公路上车水马龙。可以说，当时缅甸对于中国的重要性并不逊于它对于英国的重要性。难怪蒋介石一再积极表示要派兵入缅与英军共担防守重任。1941 年 12 月 15 日，他亲口对韦维尔说："如有充分计划，愿以精兵八万援缅。"孤傲的韦维尔不把中国军队放在眼里，而且他担心中国军队入缅会导致"亚洲人的团结阴影越来越大"，当时就拒绝了蒋介石的提议，使蒋十分恼火。

韦维尔的心里还有另一种考虑，他从来没有认为缅甸有什么重大的战略价值，充其量只不过是抵挡日本人进攻印度的缓冲地带。作为一个英国人，他当然也不会把缅甸称为"金孔雀"，因为与其他欧洲人一样，他对孔雀这种动物丝毫没有好感，尤其是孔雀尾巴上那得到东方人喜爱的环状花纹与人的眼睛何其相似，而将那么多只眼睛排列在一起真是令人感到惊恐不安，这是一种凶兆！在马来亚、新加坡失守后，作为盟军东南亚战区司令的韦维尔就对英军在缅甸的防守失去了信心。所以，该地的防守十分空虚。到 1941 年年底时，全缅甸只有新编成的英缅第 1 师驻扎，仅 15000 人。该师由缅甸警备队改编而成，战斗力不强。师长是英国陆军少将斯利姆，他的这个师共辖 4 个旅，其中一个旅的士兵是印度籍，其余为缅甸籍，各级军官均由英国人担任。此外，英军在缅甸的作战飞机也只有 37 架。

日本人对缅甸十分看重。大本营方面认为它是南方地区西侧的重要战略要地，攻占它不仅起到保护日本占领下东南亚各地安全的作用，更重要的是可切断援华通道，改变中国战局，同时也能进一步西征，攻占印度。所以从发动侵略战争之始，日本就计划要夺取整个缅甸。1941 年 12 月 9 日，日本大本营向南方军总司令寺内寿一大将发出指令："进驻泰国的第 15 军，迅速准备攻略缅甸。于作战初期，相机覆灭缅甸南部敌之航空基地，俾使在马来亚方面作战军之侧背获得安全；嗣再攻略缅甸，粉碎中英合作之据点；俟作战告一段落后，再增加兵力，击破中英联军，加强对中国及印度之压迫……"可以看出，日军最高层对缅甸作战已有较成熟的战术构想。

那么，指令中所涉及"进驻泰国的第 15 军"云云是怎么回事呢？原来，日本在"和平进驻"法属印度支那后，一方面维持与泰国的特殊关系，一方面积极准备以"和平进驻"方式吞并该国。1941 年 11 月 13 日，联络会议决定了进驻泰国的施策大纲，确定"即使泰国不接受帝国要求，帝国军队也按预定计划进驻"。10 天之后，联络会议又制定了《对泰施策要领》，决定在×日（即 12 月 8 日）进驻泰国；在此之前的 12 月 7 日下午 6 时，由日本驻泰大使坪上与泰国总理銮披汶举行谈判，此谈判须在 8 日零时前结束。

亲日的銮披汶总理面对日英两国的施压，处境艰难。11 月 27 日傍晚，他在电台向国民发表讲话，反映出他内心的矛盾和不安。他说："泰国人对任何外国人都不应特别怀有敌意。无需因为在英属马来亚和法属印度支那集结了外国军队而惊慌。不要轻信外国宣传而轻举妄动。泰国应该增加国防力量，以防一旦有事。英美两国大使都希望根据友好条约，增进友好关系。日本大使宣称，日军进驻法属印度支那绝不是为了侵略泰国。"

日本大本营根本不把泰国总理的讲话和驻泰大使的允诺当回事，指定饭田祥二郎中将的第 15 军"进驻"泰国。而在当时第 15 军所辖的第 33 师团还远在中国中部，无法在 12 月 8 日前调运到位。第 15 军的另一个师团——第 55 师团刚在四国编成，只有宇野节大佐指挥的第 143 联队于 11 月 27 日乘船抵达西贡，可以执行进驻任务，兵力明显不够。于是，南方军总司令部决定将驻扎在法属印度支那南部的第 25 军近卫师团暂时划归第 15 军，作为入侵泰国的主力。

当坪上大使准备约见銮披汶总理进行谈判时，銮披汶于 7 日夜去东部边境视察，谈判未能举行。8 日凌晨 1 时 50 分，坪上向泰国外交大臣转达了日本方面的要求，并要泰方立刻作出答复。凌晨 3 时 30 分，南方军总司令寺内在仍未收到泰方答复的情况下决定立即

"进驻"泰国。

早在 12 月 6 日便从法属印度支那南面的富国岛乘船出发的近卫师团吉田支队最先于 8 日黎明在泰国的班卜海岸登陆，当天傍晚便开进泰国首都曼谷。近卫师团主力也于 8 日晨越过泰国东部边境侵入该国，第二天拂晓也抵达曼谷。第 55 师团的宇野支队（即第 143 联队）在 12 月 5 日从西贡附近的芹交登船起航，于 8 日上午 8 时至 9 时在克拉地峡东岸的巴蜀、尖喷（春蓬）、万纶和那空是贪玛叻（洛坤）等处登陆，迅速控制了这条与英属马来亚交界的地峡。由于泰国政府在日军入侵后不久就下达了停止抵抗的命令，所以日军轻而易举地占领了泰国全境。12 月 21 日，《日泰同盟条约》签订，泰国实际上已丧失了主权，被纳入日本的势力范围。

吞并泰国后，日本随即准备入侵缅甸。12 月 9 日，第 15 军司令官饭田就赶到曼谷，调整部队部署，命令近卫师团从 12 月 11 日起回到原驻地，复归第 25 军指挥，将陆续抵达的第 55 师团部署在缅甸东南重镇毛淡棉的对面达府和麦索一线，并预定即将到达的第 33 师团驻扎在达府以北的夜匹、赛列姆地区。

从达府到泰缅边境的麦索有 70 余公里，道路很差，必须改建为能通行汽车的公路。此地属山区，山高路陡，林木茂密，日军征用大量泰国劳工夜以继日地赶修公路。为了适应山地作战，第 15 军特地用马牛代替运输车辆。

英军毫不怀疑日本的下一个目标就是缅甸，开始向该地调集增援部队，但行动迟缓。12 月 20 日，仰光的和平繁荣景象被日本轰炸机的炸弹和炮弹打破。同时，东南部重镇毛淡棉和土瓦也遭空袭。在此后的三天中，日军每天出动 100 余架飞机空袭以上几个城市，

日军进入缅甸

严重破坏英军机场，炸毁一半以上的英军飞机，轻松地获得了制空权。12月23日，骄横的日军飞行员遭到一群机身漆成鲨鱼形状的美国战斗机的拦截，损失不小。原来，这是美国援华空军志愿队第3队所属的25架战斗机，队长是史蒂芬少校。在连续三天的空战中，史蒂芬的飞行员以高超的技术和勇猛的精神击落日机39架，己方无一损伤。后英国空军得到加强，作战飞机增加到100多架。但在1942年3月23日仁安羌以南的马圭空战中，英军飞机损失大半，剩下的飞机全部逃往印度。同时，地面机场或被日军地面部队占领，或被空军摧毁，美国飞机退回中国境内的保山等基地，只能对日本庞大机群进行骚扰性袭击，制空权再度失去。

1942年元旦，由斯迈思少将指挥的英印第17师开到缅甸南部增援。该师下辖三个步兵旅、三个炮兵营、一个装甲营，共有官兵18000人，为英军中的精锐部队，其装备和战斗力在英军中都属上乘。到达缅甸南部后，该师第48旅驻守毛淡棉和以南丹那沙林区各要地，第49旅和第51旅留守仰光。此时英日双方兵力相差不大，英方是两个师，日军则有两个师团，但日军挟连胜之威，士气高昂；英军却在连遭败绩的阴影下，缺乏斗志。

在英印第48旅立足未稳之际，第55师团的步兵第120联队主力组成冲支队，于1942年1月4日在北碧附近越过泰缅边界，侵入缅甸东南部狭长状的丹那沙林区，防守该地的第48旅的一个营果然无心恋战，稍作抵抗便乘船从海上溜回仰光。日军仅用不到一个联队的兵力便在19日占领南北相距达140余公里的两个港口城市土瓦和耶城。该支队接着北上向毛淡棉推进。

毛淡棉是缅甸东南部最大的城市和港口，也是丹那沙林区的首府，西隔莫塔马湾与 170 余公里以外的仰光相望，萨尔温江的一条支流从东面流过该市。它是仰光的东南门户，因而成了英日双方争夺的首要目标。1 月 20 日，竹内宽中将的第 55 师团从麦索、塔沃克越过边境分两路进击毛淡棉。英印第 48 旅符腾上校布下多道防线阻击日军，延缓其推进速度，使日军花了 10 天时间才走完约 90 公里的路程，进抵毛淡棉城下。

由于日军第 33 师团从北面向毛淡棉逼近，为避免日军三面合围，缅甸英军总司令赫顿命令第 48 旅主动放弃毛淡棉，退守北面的拔安。同时，他又令斯迈思率英印第 17 师其余两个旅前往增援。在英军撤走之后，日军于 1 月 31 日进占毛淡棉。

第 48 旅退守的拔安是哥都礼邦首府，位于萨尔温江东岸，不利于防守。斯迈思下令放弃该城，改在该城西北约 50 公里处的米邻设置防线。米邻城东是南北流向的百林河；斯迈思将两个旅部署在百林河沿岸，构筑工事拒敌。另派一旅在拔安和米邻之间设伏拖延日军前进。日军以一部分兵力拖住英军，主力部队迂回直奔通向仰光的最后一道天险——锡唐河，意在切断第 17 师后路，予以围歼。斯迈思在米邻坚守两个星期后，发现日军先头部队正向锡唐河挺进，便当即决定全师撤到锡唐河以西。但是日军第 33 师团的 213 联队和第 55 师团的 143 联队已抢先到达锡唐河东岸，2 月 23 日向守卫锡唐河大桥的英缅第 1 师约克郡团发动攻击。最先从米邻撤下来的第 48 旅以装甲车辆为掩护，冒着炮火冲过大桥逃到西岸。

日军见一时无法拿下锡唐河大桥，遂调集坦克大炮，用密集火力完全封锁了大桥桥面。退到大桥东岸重镇末克贝林的英印第 17 师其余两个旅退路被切断，遭到日军两个师团的合击，被分割包围。

在暮色中，英军阵形大乱，四下乱窜。守桥的约克郡团为防止日军冲过大桥，不顾仍在东岸的第 17 师近一万官兵，将大桥炸毁。斯迈思师长此时率第 51 旅一部坚守末克贝林东站南侧的堤岸。他深知他手下的官兵先前在中东和印度受过良好的游泳训练，命令部下扔掉武器装备，泅河逃命，并允诺"凡能过河者赏 100 英镑"。他自己带着部队，冒着日军的枪炮射击冲入河中。当夜，共有 3389 名官兵游到西岸得以生还。其余被包围的英印官兵纷纷投降。

日军本想一鼓作气打过锡唐河，直捣仰光。由于刚刚从海外调来的澳大利亚第 63 旅和英国装甲第 7 旅及时赶来增援，才挫败了日军的企图。但锡唐河一战，英印第 17 师损失约一半兵力，虽得到澳军第 63 旅和英国装甲第 7 旅的增援，使在缅甸的英军总兵力有所增加，但英军士气更加低落，以至于韦维尔提出"弃缅保印，尽快撤出英军"的主张。

3 月 3 日，日军第 33 师团渡过锡唐河，绕过英印第 17 师余部驻守的勃固，直逼仰光。到此危急时刻，英国首相丘吉尔听从罗斯福总统的劝告，仍不同意放弃缅甸，改派名将亚历山大前往缅甸任英军总司令。丘吉尔以不服输的态度声称："我们虽然无论如何派不出一支军队，我们至少可以派一个人来。"亚历山大是一位出类拔萃的军事家，他在敦刻尔克创造的奇迹令世人钦佩。3 月 5 日，亚历山大到达仰光，面对兵败如山倒的颓势，他也无法力挽狂澜，只得下令"尽可能守住仰光，守不住就北撤保卫缅甸北部，同时与中国人保持联系"。

日军第 55 师团于 3 月 6 日攻打勃固，第二天就将拥有约 130 辆坦克和装甲车的英军击溃。第 33 师团于 7 日推进到仰光城下。亚历山大发现无法守住仰光，只得下令放弃该城，向北撤退，用他的话说，去进行一场"同日本人和即将来临的雨季的你死我活的竞赛"。3 月 7 日傍晚，日军第 33 师团第 215 联队冲进仰光，第二天占领全城。日本南方军总司令部又下达了进占缅甸北部，消灭逃跑中的英印缅军和中国远征军的命令，同时调集第 18、56 师团归第 15 军指挥。

英、日双方所提到的中国远征军是中国方面根据中英双方的商议而专门组建的，下辖第 5 军、第 6 军和第 66 军。其中由杜聿明任军长的第 5 军是中国第一个机械化军，称得上是王牌中的王牌。这支远征军的司令长官是卫立煌，但卫没有到任，司令长官一职由副司令长官、第 5 军军长杜聿明代理，后蒋介石派罗卓英入缅任司令长官。

韦维尔对中国远征军入缅参战一直持消极态度，在《中英共同防御滇缅路协定》签订后，他仍然不同意中国远征军开入缅甸。后经美国方面的调停，韦维尔才松口同意接纳一个中国师。1941 年 12 月 24 日，第 6 军的第 49 师开入缅甸东部的昆欣、景东等地守备。

一向看重中国战略地位的罗斯福总统在 1941 年的最后一天给蒋介石委员长带来一个意外的惊喜，他在一份密电中提议组建中国战区，负责指挥中、泰、越地区的盟军对日作战，推举蒋介石任中国战区最高统帅。蒋介石欣然接受了罗斯福的这项提议，而作为中国人，礼尚往来是必不可少的。因此，他在 1942 年 1 月 2 日给罗斯福的复电中表示愿意担任中国战区最高统帅，同时请罗斯福指派一名美国高级军官任中国战区参谋长。

美国方面正好想借此机会增加对中国的影响，罗斯福委托陆军参谋长乔治·马歇尔确定这一人选。马歇尔首先想到了自命不凡的第 1 集团军司令休·德鲁姆，但德鲁姆不愿干这吃力不讨好的差事。马歇尔又提名"中国通"史迪威上校担当此任。考虑到史迪威的军衔太低，马歇尔告诉史迪威说要提升他为中将，以便在十分看重官阶的中国行使职权。

这个插曲后来对缅甸产生了重大影响，确实出乎人们的意料。在史迪威将军登上飞往中国的飞机之前，缅甸战局迅速变化。1 月 31 日毛淡棉被日军占领后，英国改变了态度，同意中国远征军入缅，而蒋介石反倒犹豫起来，尤其舍不得派第 5 军入缅，遂令第 6 军第 93 师和暂编第 55 师于 2 月 1 日乘坐英军派出接运的车辆于芒市、遮放、龙陵出发，进入缅甸东部设防。后英方主动提出要求中国加派军队，第 5 军先头部队第 200 师、骑兵团、工兵团和游击支队于 2 月 16 日从畹町开入缅甸，其余两师（新编第 22 师、第 96 师）迟至 3 月 6 日进入缅甸，而第 66 军则在一个月后方才启程。

当第 200 师抵达距仰光约 250 公里的东瓜（同古）时，日军占领了仰光城。日本第 15 军司令官饭田于 9 日将军司令部搬入仰光后，立刻做了新的战斗部署，命令第 55 师团由勃固向北挺进，攻占铁路沿线城镇，直捣北方重镇曼德勒；令第 33 师团从西路沿伊洛瓦底江东岸追击消灭逃路中的英军，攻占沿路城镇。

盟军方面指挥系统陷入混乱，英国派亚历山大来缅甸，意在掌握整个缅甸的军事指挥权。蒋介石对英国人成见甚深，不愿将中国远征军的命运交给英国人去摆布，所以在史迪威于 3 月 3 日到达重庆后不久，他就决定把这位参谋长派到缅甸去与英国人抗衡。3 月 9 日，蒋介石给罗斯福发电报，提议由史迪威担任驻缅盟军司令官。

罗斯福不愿在英国人的地盘上使英国人感到难堪，因此他在复电中称指挥权问题"非常微妙"，建议把指挥权一分为二，缅甸北部由史迪威指挥，南部由亚历山大指挥。3月11日史迪威动身前，蒋介石对他说："我今天上午已经颁布命令，要第5军和第6军听你指挥。"

当时，英军的司令部已转移到曼德勒东面40多公里处的眉苗（谬），史迪威为方便与英军的协调，决定将他的司令部建在眉苗的一座浸礼会教堂中。当天下午，史迪威赶到有夏都之称的避暑胜地眉苗。这是一座优美、宁静的英国式城市，到处是宽阔碧绿的英式草坪，红砖楼房掩映在绿树丛中，墙壁上爬着紫蔷和其他藤类植物。

史迪威随即前往英军司令部所在地——弗拉格斯塔夫大厦。大厦里那种浮华虚饰的气氛使史迪威感到不自在。精致的银杯里斟满威士忌，主人和宾客手持酒杯热烈交谈。在这个只指挥不足15000人的司令部里，竟有1名陆军上将、1名中将、5名少将、18名准将和250名参谋。史迪威虽然对英国人保卫缅甸的决心感到怀疑，但他还是与亚历山大讨论了盟军的战略和战术，决定由中国远征军守东瓜，抗击日军第55师团，英军则负责守卫西线与东瓜大致平行的卑谬，建立东瓜—卑谬防线，坚守到增援部队到达后，再进行反攻。

然而，英国根本没有打算派遣援军到缅甸，而中国远征军只有第200师抵达东瓜，其他部队行动迟缓。而日本第56师团在3月25日从仰光登岸，前往东瓜增援第55师团。曾参加征服马来亚、新加坡的第18师团也奉调前来缅甸参战。

日军第55师团的先头部队于3月18日在普尤河以南12公里处与中国第200师前哨连交火，日军被击退。第二天，第5军骑兵团和第200师的一个连在普尤河大桥设下埋伏。待日军先头部队乘坐摩托车、汽车和装甲车至大桥上时，大桥被炸毁，伏兵四起，向日军猛烈开火。日军被击毙 60 余人，被俘 3 人，损失各种车辆多辆。

此战规模不大，却给日军造成不小震动，第 55 师团长竹内宽中将判定，对方已不是不堪一击的英军，必须慎重对待。英军也对中国远征军刮目相看，后勤供应大大改善。事实上，第 200 师是中国第一个机械化师，装备一流，战斗力很强。师长戴安澜时年 38 岁，年轻有为，黄埔军校三期毕业，安徽无为人。历任连长、团副、团长、旅长等职。1939 年 1 月，接替杜聿明任第 200 师少将师长。同年在昆仑关战役中战功卓著，获国民政府嘉奖。

3 月 20 日，第 5 军军长杜聿明亲到东瓜与戴安澜师长共商作战部署。杜军长指出：同古位于日军北犯必经之要冲，虽东瓜城高墙厚，城东有锡唐河天然屏障，但周围均为平原，易被日军迂回包围，因此要做好在敌重围之下独立作战的准备，挡住敌人，为主力完成集结和展开争取时间。戴安澜与杜聿明私交很深，当然明白军长将他这个第 5 军中最精锐的 200 师放在东瓜的用意，他向杜聿明表示："宁可玉碎，不可瓦全。请长官放心。"

随着日军的逼近和兵力的增加，东瓜保卫战越来越激烈，日军上百架飞机轮番轰炸，地面炮火密集射击，东瓜城已千疮百孔、面目全非。22 日，戴安澜给夫人王荷馨写信，决心拼死一战，报效祖国："余此次奉命固守同古，因上面大计未定，与后方联络过远，敌人行动又快，现在孤军奋斗，决以全部牺牲，以报国家养育，为国战死，事极光荣……"第 200 师将士临危不乱，与日军展开殊死搏斗。

3 月 24 日，日军在保持正面攻势的同时，以第 143 联队从左翼向北迂回，绕到东瓜城北的克容冈机场发动突袭。守卫机场的工兵团仓促应战，第 22 师 598 团派兵从侧面攻击日军，但至下午 5 时，机场被日军占领，东瓜守军退路被切断，陷入三面被围的困境。20日杜聿明所预料的战局果然出现了。

当晚 9 时，戴安澜召开团长、直属营、连长会议，调整部署，收缩外围，固守锡唐河大桥，保持与外界的通道，师部迁往东岸保卫东岸要地及大桥，西岸城垣交步兵指挥官郑庭笈少将，负责三个步兵团的指挥。这样，戴安澜可以全力指挥整个东瓜保卫战，他在会上当众立下遗言："余奉命固守同古，誓与城共存亡。余战死，以副师长代理；副师长战死，参谋长代理。"在场各级军官也指定了各自的代理人。

26 日，日军用两个联队猛攻城墙已被夷平的西北角，守军第 600 团伤亡过大，至黄昏时分撤到铁路以东，日军占领铁路以西城区。27 日，第 6 军新编第 22 师开到东瓜以北的南阳遭到日军阻止，无法援救第 200 师。次日，战局对守军更加不利，从马来亚赶来的日军第 56 师团投入战斗。是夜，第 56 师团搜索联队渡过锡唐河，直扑第 200 师师部。深夜 11 时，日军出现在戴安澜的师部附近，担任警卫任务的第 599 团第 3 营和师部特务连与敌死拼，伤亡惨重。在城内的郑庭笈听到河东的密集枪声，火速派遣第 598 团两个连前去增援。至拂晓时分，进攻日军被击退，保住师部。日军扭头直扑大桥，企图切断东西两岸的交通联系，但被击退。第 200 师经过 10 余天连续苦战，极度疲惫，伤亡 2000 余人，弹药将尽，给养不济，而且敌军力量过于强大。为避免这个王牌师全军覆没，杜聿明军长不顾史迪威下达的"第 200 师仍坚守东瓜，以新编第 22 师和暂编第

55 师举行反攻"的命令,断然下令第 200 师于 3 月 30 日凌晨向东突围,沿锡唐河东岸撤至彬文那集结整顿。

当夜,各第一线步兵营派出阻击组向阵地前日军实行夜袭,担任掩护任务。撤退时,按第 599 团、第 600 团和第 598 团的顺序。第 599 团经锡唐河大桥过河,其余两团均涉水前往东岸。凌晨 4 时,各营阻击组悄然撤出阵地安抵东岸。全师官兵包括伤病员并然有序地撤离东瓜。30 日天刚亮,日军又对东瓜实施猛烈炮击至中午 12 时进入城内,发现第 200 师已不知去向。

东瓜战役是日军入侵缅甸以来遭受的最大的一次挫折。日军以两个师团重兵攻打只有一个师守卫的东瓜城达 12 日,尚无法攻克。第 55 师团受损较大,第 143 联队长横田大佐等军官战死,此战日军共阵亡 5000 余人。饭田中将战后哀叹:"东瓜之战,敌军抵抗既极顽强,又善夜战和阻击,使我们遭到重大损害。"

然而,第 200 师英勇奋战,以阵亡 1000 余人的代价将日军第 55、56 师团阻于东瓜城下达 12 天之久,却因英军只顾逃跑,中国远征军其他部队裹足不前,痛失扭转战局的大好时机。

守卫西路的英军于 3 月中旬合编为英缅第 1 军,由英缅第 1 师、英印第 17 师、澳军第 63 旅和英军装甲第 7 旅组成,英缅第 1 师师长斯利姆少将升任军长。3 月底,为策应东瓜保卫战,斯利姆派出部队南下出击,被日军击退,损失十辆坦克。

在第 200 师向北撤退时,南进至南阳的新编第 22 师也在师长廖耀湘的率领下北撤。西面的英缅第 1 军也从卑谬沿伊洛瓦底江东岸公路北上,由此开始了盟军在缅甸的大退却。

撤退行动十分困难,时值当地最干燥的季节,天气炎热,部队经常缺水，日军飞机和小股地面部队不断骚扰袭击。而且，当地居民拥上狭窄的道路阻塞了交通，行军速度极为缓慢。斯利姆部队的士兵平时养尊处优惯了，哪顿饭都是牛排啤酒管够，可现在只能啃腌牛肉干和长满象鼻虫的硬饼干，经常喝不上水，这简直是一场无法忍受的折磨。

中国远征军主将杜聿明此时乘坐黑色雪佛莱牌轿车，夹在混乱喧哗的撤退队伍中。那时的轿车里没有空调，经太阳一晒，车里比车外还热。他不愿车外喧哗的叫骂声打扰自己的思路，关上车窗，还拉上了咖啡色的窗纱。这次出师缅甸，头一仗虽不算败，但被敌人撵着屁股走，真不是滋味。无论如何，绝不能就此认输啊！杜聿明摸出头帕，擦了一下额头上的汗，又抄起军用水壶，痛痛快快地喝了几大口水，思绪逐渐清晰起来。我一个200师，面对四倍于我的日军兵力还打得他嗷嗷乱叫，损失惨重，并安然突围。现在日军总共也只有三个师团的兵力，其中第55师团损兵折将，加上连日苦战，战斗力已下降，此时如在彬文那（平满纳）集中盟军兵力与敌进行决战，取胜可谓十拿九稳。现第96师已从云南赶到彬文那，开始构筑工事，第200师很快就能退守该地，新编第22师则从南阳且战且退，一方面掩护主力撤退，一方面又引敌上钩，将日军诱引在彬文那以南。随后，东面的第6军、西面的英缅第1军左右合围，加上北面正在南下的战略预备队第66军，一定能打一个漂亮的歼灭战。想到这里，杜聿明从公文包里拿出日前蒋总司令的一份电文："如同古完全失陷，拟即在平满纳附近相机决战。"他心里暗念道："校长，学生这里没有问题，但英国人会听你的话吗？"

蒋介石对缅甸战事很不放心，于4月5日第三次亲临缅甸视察，还带来中国远征军总司令罗卓英。他由杜聿明、戴安澜陪同从腊戍到眉苗，8日再到曼德勒。蒋在曼德勒附近的山上对杜聿明等人面授机宜："平满纳会战十分重要，必须鼓励将士一举击破日寇，进而收复仰光。"但又说："万一日寇后续部队增加，我军也不要勉强决战，退一步准备曼德勒会战，或把住这个山口与敌作持久战。"在同一天，日军第18师团在仰光登陆，由铁路和公路迅速北上，投入战斗。

彬文那和东瓜一样，位于缅甸的南北中轴线上，北距曼德勒约260公里，离南面的东瓜直线距离只有90公里。仰曼铁路和公路均经过该城。东西南三面平坦开阔，北面临山，兀勒溪河和锡唐河在此交汇，形成天然屏障，真是适合大规模会战之地。

新编第22师的"逐次抵抗"、边战边退的战术运用得十分成功，使得日军迟至4月16日才进抵彬文那城南一带。一天之前，杜聿明在彬文那召开第5军各师长会议，布置会战事宜。杜聿明首先询问各师备战情况，第200师师长戴安澜表示他的师已休整数日，官兵已消除疲劳，弹药武器得到补充，可以参战。第96师师长余韶说："第96师到了半个月，自无问题。"第22师师长廖耀湘稍显疲劳，但也表示，他的师稍一转移就可进入会战阵地，打仗绝无问题。杜聿明听后十分高兴地说：既然这样，我们就将新22师最后那个阻击阵地撤了，把敌人放进来吧。各师师长表示同意。

黄昏时分，第200师进入东侧阵地，新编第22师退入彬文那西侧伏击，第96师守卫彬文那城。

16日拂晓，10余架日机又飞临彬文那上空进行轰炸，日军第55、18师团以数百人的较小规模在坦克装甲车的掩护下对第96师阵地发动试探性进攻。17 日战况依旧，日军显然已呈疲惫之态，主力处于休整之中，这正是歼灭敌人的极好时机，但预定参加合围的左右翼盟军部队并未出现，身在军司令部的杜聿明心急如焚，不断派人前往第 6 军和英缅第 1 军打听消息。

而那些满身尘土汗水的侦察兵带来的全是些令人失望的消息：西路英缅军根本不与敌交战，被日军第 33 师团追得丢城弃地。英缅军在预定的防守地——亚（阿）兰谬停都未停，一下撤到了与彬文那平行的新榜卫以北约 90 公里处的仁安羌，将第 5 军的西侧暴露于日军面前。更加令人可笑的是，英缅第 1 师和第 7 装甲旅的 7000 余官兵和百余辆战车在 15 日晚被日军一个大队包围！毫无斗志的英军竟从未想过自己突围，缩在战车后面等候援军。

东路第 6 军方面也传来凶讯。日军第 56 师团在东瓜战役后没有尾随新编第 22 师北上，而是直向东开到南梅黑克，再扭头向北进攻第 6 军，以前往攻占腊戌，切断中国远征军退回国内的要道。第 6 军本来就战斗力不强，一个军在日军一个师团进攻下节节败退，连失棠吉、雷列姆，第 5 军的东侧也失去保护。

将日军吸引到彬文那的第 5 军陷入三面受敌的危境。4 月 18 日，日军轰炸炮击明显加强，进攻规模扩大到联队一级。罗卓英、史迪威、杜聿明和率军委会滇缅参谋团入缅督战的林蔚四个司令部之间文电频频，经过一场争吵加磋商，终于决定：放弃彬文那会战。杜聿明本来不愿放弃此战，他是老蒋的嫡系爱将，根本不把史迪威、林蔚之类放在眼里。可罗卓英是蒋介石亲自带来的，又是陈诚在保定军校的同班同学，他的话杜聿明不能不听。当然，杜聿明也担心被日军包围，他在心里埋怨蒋介石糊涂，骂只知道围着史迪威指挥棒转的罗卓英是美国人的走狗。

如果说，彬文那会战还扎扎实实地打了几天的话，那么此后的曼德勒会战连一枪未发就撤退了。不过，除了东瓜战役外，中国远征军的新编第 38 师创造了令傲慢的英国人感激涕零的壮举。

新编第 38 师隶属第 66 军，原先是财政部税警总团，是财政部部长宋子文一手拉起来的嫡系部队，清一色最先进美式装备。营以上的军官大多在英美军校留过学，喝过洋墨水，精通现代战术。师长孙立人中将更是中国军队中出类拔萃的军事指挥官。他出身于安徽舒城一个大户人家，勤奋刻苦，先在清华大学获理学士学位，后考取官费留美，入普渡大学专攻机械工程。不久，志在强兵救国的孙立人复考入弗吉尼亚军校。

弗吉尼亚军校在美国军事教育方面享有盛名。时任美国陆军参谋长的乔治·马歇尔和正在缅甸指挥作战的史迪威均是该校毕业生。1927 年，孙立人学成回国，很受器重，升迁很快。先在中央党务学校任上尉队长，1931 年被宋子文看中，调入税警总团任第 4 团团长。次年，已是陆军少将的孙立人率军首次参战，在淞沪抗战中身先士卒，全身 11 处负伤。第二年，税警总团重建，孙立人升任总团长，肩章上也加了一颗星。

此时，孙立人将军奉命率部离开曼德勒，前往仁安羌营救被围英军。仁安羌的缅语原意是油河，是缅甸的油田。孙立人解开领口的纽扣，眼光投向车窗外逃难的人群，望着他们那沮丧、惊恐的面容，他想起了威名显赫的亚历山大将军那近乎乞求的眼光。

亚历山大上将出身贵族，是英国皇家国防学院的优秀毕业生，曾参加第一次世界大战。第二次世界大战开始后，亚历山大率一个

1942年3月，英国军队撤离时实行焦土政策，在仁安羌油
田焚烧设备和油井

机械化军在法国作战。在敦刻尔克大撤退中，亚历山大面临数十万德军的围剿毫不慌乱，"穿着擦得锃亮的皮鞋和笔挺的马裤，正在用早餐，并对法国果酱赞不绝口"。这次来缅甸出任驻缅英军总司令，可谓受命于危难之时，肩负丘吉尔首相和英国国民的一片期望。但英军实在不争气，使他这位一向好胜心十足的将军在跟史迪威和其他中国指挥官打交道时不得不谦让三分，这回英军主力被困，只得向中国人求救，真丢脸啊！

在 16 日的眉苗会议上，亚历山大刚提出这个请求，史迪威就毫不客气地甩过来几句令他难堪的话："阁下，英军一直在后退，并且速度不慢，我搞不明白，怎么会让日本人抄了后路？"杜聿明不像史迪威这么尖刻和幽默，照实直说："目前缅甸战场全面交火，平满纳会战正在铺开，中国军队十个指头按十个跳蚤，实在腾不出手来。"史迪威唯恐杜聿明的语气不够厉害，又加了一句："请上帝保佑你们的人吧！"

出席会议的孙立人看不下去了，英国人不战而逃实不应该，但总不能见死不救啊。况且新编第 38 师的第 112、113 两个团的位置离仁安羌不远，入缅之后未放一枪。而且，其他入缅的中国远征军部队都是野战军，对他这支由税警总团编成的部队并不看重，这回可是露一手的时候了。他迎着亚历山大焦灼不安的求救目光，站起身说："新 38 师可以出兵仁安羌。"亚历山大听到他这句话感动得眼眶都发红了，连声称谢。

17 日傍晚，第 113 团最先赶到仁安羌北侧，与日军交火。新编第 38 师其他部队接着到来，全师于 18 日凌晨 4 时向日军发起进攻，被围英军这时也来了精神，向外突击。势薄力单的日军稍作挣扎便

中国远征军新38师师长孙立人将军，后升任新1军军长

向南逃窜。7000多名英军官兵和500多名英美等国传教士、新闻记者终于脱离险境。此战虽远不如东瓜战役那么激烈、艰苦，但因救出了这么多英国人和其他国家的平民，因而声名远扬。英国国王乔治六世将从未授于外国军人的"帝国勋章"授予孙立人，美国总统罗斯福也授予他"丰功勋章"，蒋介石也颁发四等云麾勋章，予以奖励。

仁安羌的胜利并没有给整个战局带来转机。此后，盟军部队连还手之力都没有，走上了大溃退的"死亡之路"。

七
死亡之路

东瓜战役刚刚结束，日本第15军司令官饭田祥二郎就乘车来到这座依然弥漫着硝烟的城市。经过一番谋划，军司令部于4月3日向所属四个师团下达了下一步作战计划，确定"本军以精锐兵团切断腊戍方面敌人的退路；以主力沿东瓜—曼德勒公路和伊洛瓦底江地区向曼德勒方面前进，包围敌军主力的两翼，在曼德勒以西、伊洛瓦底江地区压倒并歼灭该敌；然后，在腊戍、八莫、杰沙一线以西捕捉、歼灭残敌，同时，不失时机地以精锐之一部向怒江一线追击"。为此，饭田命令第56师团东进迅速击败中国远征军第6军，攻占东北滇缅路上的重镇腊戍，切断中国军队由此退往国内的道路；令第18、55师团沿铁路线北上，消灭中国第5军，攻占曼德勒；令第33师团沿西路快速推进，消灭英军残余部队，再插至曼德勒以西围歼第66军。

仁安羌战役后，缅甸的交战地区移往东部。盟军方面驻守该地的是以甘丽初为军长的中国第6军，下辖暂编第55师、第49师和第93师。这个军战斗力不强，装备较差，入缅后没有与日军交过火。

4月5日，第56师团派出部分兵力分三路向东推进，其他部队作为彬文那会战的后备兵力留驻东瓜。暂编第55师师长陈勉吾指挥部下抵御来犯之敌，但作战不力，屡屡失利。17日，保拉克、南梅黑克等地被日军攻占，日军掉头向北面的腊戍方向快速前进。中国第49师兵力分散，被日军各个击破，23日，东部重镇棠吉（东枝）失守，腊戍南大门被打开。在中路指挥作战的杜聿明驰电史迪威、罗卓英、林蔚等人，"腊戍南门洞开，我军处境甚危"，要求立刻采取措施以免退路被断动摇军心。林蔚同意杜聿明的意见，主张"我军应当先破东路之敌，确保腊戍、眉苗安全，然后回师迎击中路之敌"。但拥有指挥权的史迪威、罗卓英力主"先破心腹之患的当面之敌，实施曼德勒会战"，因而将主力摆在中路，只是在24日派出第200师驰援东路，收复棠吉。

棠吉是掸邦首府。日军从这里往西可直插中国第5军侧背，往北可直上曼德勒、眉苗和腊戍，战略地位重要。第6军却未派重兵把守，被日军轻易攻占。第56师团只留下少许部队守城，主力继续向东北方的腊戍挺进。

4月25日凌晨，戴安澜命令第599、600团发起攻击，步兵在重炮和装甲部队炮火的掩护下，进展很快，当天就夺取了棠吉。

不过，第56师团并没有回师攻打棠吉，而是继续前进，于当天实行百里奔袭，连克南曲依、孟敖、旁克吐，到达离腊戍仅百余公里的地方。中国第6军的暂编第55师和第49师已被击溃，剩下的第93师远在景东一带，因此，史迪威急调第66军的新编第29师防守腊戍城。

缅北战事尚未结束，盟军已在商讨撤退的具体事项。远在重庆的蒋介石，担心他的三个军会白白地失去，在第200师攻打棠吉的当天电告史迪威、罗卓英、林蔚："第5军、第66军以八莫、畹町为根据地，确保密支那，在缅北活动，维护印度—密支那—昆明的空运走廊和缅北国际交通线。第6军在景东一带活动。第200师如尚未撤到瓦城（曼德勒），可向景东转进，归甘军长指挥。长官部可移往密支那。张轸可率一部退回国境，改隶昆明行营，受林团长指挥。"显然，蒋介石已放弃了曼德勒会战和坚守腊戍，将主力移往更北的地带，将部分远征军撤回国内。

盟军司令部走得更远。25日晚，中英军事指挥官亚历山大、史迪威、罗卓英、林蔚、杜聿明及第66军军长张轸等在曼德勒以南不远的皎克西开会。亚历山大身穿笔挺的将军服，表情凝重。史迪威头戴"一战"期间的美式战斗帽，裹着美式卡其军装，没有佩戴勋章和绶带，看上去像一名普通的军士，一副疲劳的样子。罗卓英身材肥胖，不时用手帕擦额头上的汗水，面色阴沉。杜聿明对这几位长官的指挥十分不满，紧绷着脸，一副爱理不理的样子。大敌当前，会议也简单多了，少了那些华而不实的寒暄和客套，甚至连斗嘴的兴致也没有了。与会者三言两语便得出了结论：唯一的出路是全部撤退，放弃缅甸，以免被日军消灭。撤退的具体部署和路线为：第6军和第200师向东撤过萨尔温江回云南；第5军的其余部队和第66军经曼德勒、英多、八莫和密支那北撤；英军向西撤往印度。于是，缅甸战场的盟军作鸟兽散，四散逃命去了。

4月29日，腊戍失守。5月1日，盟军放弃曼德勒，英国工兵炸毁了该城横跨伊洛瓦底江的阿瓦铁路桥和曼德勒公路桥。罗卓英硬逼着火车司机开车，只走出几十里路，列车就与另一列火车相撞，铁路运输中断两天两夜。罗卓英和史迪威命令中国军队向西撤往印度，但杜聿明力主回国，日军乘机迅速北进，3 日占领八莫，8 日拿下密支那，切断了中国军队沿铁路北撤的路线。

英军主力从仁安羌逃脱后，径直向西北方的英帕尔退去，最先撤出缅甸。中国第 6 军也在 4 月 26 日起东撤，迅速回到国内。唯有中路的第 5、66 军身陷日军重围和缅北高山密林之中，处境十分艰难。

美国此时最关心的是史迪威中将的安危。5 月 1 日傍晚，一架美军 C－47 型运输机在瑞昌降落，前来搭救史迪威和他的参谋人员。这次飞行危险性大，缺乏地面导航，因此驾机的两名飞行员都是美国空军的顶尖高手。卡拉布·海恩斯上校是阿萨姆—缅甸—中国空运队队长，罗伯特·斯科特上校是该空运队的执行军官，在陈纳德将军的飞虎队中参加过多次空战，击落多架日本飞机。

斯科特一见到史迪威便说："先生，阿诺德将军派我们来搭救你。"两位飞行员还告诉他，日本军队正朝瑞昌开来，距瑞昌已不到 20 英里了。史迪威让他手下的部分参谋人员乘这架飞机去印度，"去给我找一个训练中国军队的地方"，他自己则拒绝登机，乘车去密支那。

沿途满是撤退的军人和车辆，所有的卡车都挤得满满的，不少人趴在汽车挡板上，车上的人用枪托砸这些人的手，把他们推下去。路面坑坑洼洼，汽车故障不断。史迪威一行约 100 人，包括美英中缅印等国官兵、医生护士、传教士、大学校长、记者和勤杂工。

由于前方城市陆续陷落，史迪威决定从英都离开铁路线向西，渡过钦敦江前往英帕尔（因帕尔）。5月6日，道路在丛林中消失了，所有人只得下车步行，重达200磅的电台只得销毁。第二天出发前，史迪威向所有随行人员发表讲话，命令将所有食品集中起来统一分配食用，将武器弹药以外的其他个人用品统统扔掉，规定每天必须走14英里，所有人必须严格执行纪律，否则就请离开队伍。

行伍出身的史迪威走在队伍的最前面，以每分钟105步的速度前进。不少人染上疟疾和痢疾，行进速度减慢。而当人们停下来休息时，蚂蚁和旱蚂蟥又来叮咬。三天后，队伍按预定时间赶到了乌尤江。天下起雨来，路更加难走，一架皇家空军的飞机给他们空投了一些食品和药品。5月14日，他们遇到了前来迎接的补给队，食品和药品充足，赶路的速度又加快了，每天行进距离都在15、16英里，终于在5月20日，史迪威凭着严格的纪律和细致的安排，将这支114人的队伍带到英帕尔，途中竟无一人掉队或死亡。史迪威本人的体重掉了20磅，眼窝深陷，双手虚弱得直抖。不过，与其他中国远征军相比，史迪威一行是很幸运的。

戴安澜的第200师在接到撤退回国的命令时正在棠吉以北的罗列姆，离中缅边界不远。林蔚还以军委会滇缅参军团团长的名义下令第200师东撤与甘丽初的第6军会合，退回西双版纳。但是，戴安澜拒绝执行林蔚的命令，率军北上，试图与第5军会合。他心想：第200师是杜长官亲手带出来的部队，是第5军的王牌主力，此时长官身处危难之中，我唯有挺身而出，哪怕献出生命也在所不辞。

但是，日军行动更快，连占腊戍、八莫、密支那，并侵入滇西，畹町、瑞丽、芒市尽落其手。第200师已无法与军部会合，只有单独撤回国内。而在东瓜吃了苦头的日军绝不愿意让第200师就这么跑了。第 56 师团长渡边正夫中将发誓要在缅北密林中将这支部队拖垮、消灭。日军飞机撒下传单，上面画着一头代表第 200 师的老虎，前有罗网，后有拿枪的猎人，边上还写了几个很大的汉字："第 200 师跑不了。"

果然，第 200 师在 5 月 18 日夜就中了日本人的埋伏。由于孤军行进，制空权落入敌手，第 200 师只得昼伏夜行。白天派出侦察分队，装扮成缅民探查敌情，寻找道路，做好路标，各路口留专人指引。这天晚上，第 200 师行至腊戌以西的细包至摩谷公路。这是归国途中要穿越的最后一条公路，只要今晚顺利，只需两三天就可回到国内。

但是，就在前卫营越过公路之时，公路东北侧密林中突然射出密集的弹雨，士兵们纷纷中弹倒地。公路南侧的戴安澜从敌火力判断，日军兵力只有两个大队左右，无力包围，所以必须脱离与其纠缠，从侧翼对敌实行反包围。但在黑夜混战之中，队形全乱，指挥不灵。日军在暗处借着中国军队胡乱射击的火光从容地瞄准射击。火光中，中国士兵尸横遍地，血流成河。

戴安澜师长猛地从树丛中跃起，向部下们高喊："弟兄们，往西撤退，快!"就在这时，两颗子弹击中了他的胸部和腹部。慌乱之中，无人察觉，延误了抢救时间。直到天亮，日军主动退走之后，官兵们才回头来抢救伤员。

这场遭遇战使第 200 师受到重创，第 599、600 团只剩下一个营的战斗力，第 599 团团长柳树人、第 600 团副团长刘杰战死，连遗体都未找到。直到这时，官兵们才发现戴安澜不见了。副师长高吉人、参谋长周之再和步兵指挥官郑庭笈顿时慌了神，连忙发动所有人四下寻找。人们找遍整个战场，仔细辨认一具具血肉模糊的尸体，最后，参谋长周之再在一道土坡下的草丛中找到了身负重伤的戴安澜。

要是能及时送到设备齐全的医院，戴安澜的伤兴许能在两个月内治好。但部队经长期连续作战，药品已用尽，连块干净的绷带也找不到，而且进入 5 月下旬，雨整天下个不停，加上蚂蟥蚊虫叮咬，戴安澜身上的两处伤口感染溃烂，伤情日益加重。5 月 26 日，部队行至缅甸东北部的芳邦村，距中缅边境不过三四十里，戴安澜光荣殉国。因天气炎热，两天后遗体于瑞丽江边火化，后葬于芜湖赭山。6 月 2 日，幸存的 4600 名官兵进入中国国境。

国民政府为表彰戴安澜的功绩，同年 10 月追晋他为陆军中将。美国罗斯福总统也授予他懋绩勋章。毛泽东写诗赞曰：

> 外侮需人御，将军赋采薇。
> 师称机械化，勇夺虎罴威。
> 浴血东瓜守，驱倭棠吉归。
> 沙场竟殒命，壮志也无违。

周恩来称他为"黄埔之英，民族之雄"。蒋介石作词悼念：

> 虎头食肉负雄姿，看万里长征，与敌周旋欣不忝，马革裹尸酬壮志，惜大勋未集，虚予期望痛何如？

新中国成立后，戴安澜被追认为革命烈士。

中国远征军第200师师长戴安澜将军

而在此时，中国远征军的主力仍在经受着巨大的磨难。早在5月9日，第5军新编第22师、第96师、军部直属部队和第66军新编第38师退到密支那以南的卡萨。此前，杜聿明收到两份相互矛盾的电令：一份是罗卓英发来的，令他率全部远征军向印度方向撤退；另一份出自蒋介石之手，令杜聿明向密支那以北转进，撤退回国。当日，杜聿明主持军事会议，各师师长和主要军官到会。会上，杜聿明提出各师向北穿越缅北高黎贡山回国的撤退路线，并指定新38师断后掩护。新38师师长孙立人不属第5军序列，对杜聿明的指挥本来就心有怨言，此刻，他站起来明确表示不同意经缅北高山密林撤退，提出要么乘敌人立足未稳，集中优势兵力与敌决战，夺回密支那等地，向东退回国内；要么按史迪威、罗卓英之令，退往印度。再者，新编第38师不能殿后。杜聿明听后十分恼火，一旁的新编第22师师长廖耀湘忍不住了，转身对杜军长说："罢了，这种时候，只有自己人靠得住，靠别人不行。我们各奔前程。"

孙立人要的就是廖耀湘的这句话，乘势站起来对满脸愠色的杜聿明说："副座，既然是撤退，何不选条近道。我决定本师先撤往印度，再假道回国。"

从杜聿明的指挥部出来，孙立人顿时感到一阵轻松。通讯参谋匆匆赶来，向他报告：殿后的第112团在温佐被围，请求救援。5月10日，孙立人率主力回师南下，至12日才击垮日军荒木部队，救出第112团。第38师并不恋战，迅速撤离战场，直向西北方向的英帕尔撤去。

这条路在数日之前也是英军的撤退之路，只见路两旁到处是被遗弃的战车和大炮，许多装备竟未加破坏。进入缅印边界一带的印加山脉，树高林密，路滑难走。只见路上不仅有英军扔下的罐头盒和瓜皮果壳，还有步枪、机枪和弹药。英军为了逃命，能扔的大概都扔掉了。

新38师所走的路线从印加山脉南端穿过，热带密林范围较小，路也不算太难走，加上孙立人的指挥和督促，全师官兵在6月上旬安全抵达印度东部重镇——英帕尔。

到了英帕尔，孙立人没见到史迪威和罗卓英，英军方面也没人理会他们，只得派联络官去找英军东方警备军团军团长艾尔文中将交涉。艾尔文对中国联络官爱理不理，孙立人极为气愤，连韦维尔和亚历山大得知此事后也觉不妥，令艾尔文亲赴孙立人处解决其后勤给养问题。

艾尔文心想：从缅甸撤下来的英缅军一个个蓬头垢面，许多人连上衣都扔了，简直给大英帝国丢脸。英军尚且如此，中国军队还不知是什么样子呢。

大腹便便的艾尔文一进新38师军营就吃惊不小，200名仪仗队官兵精神抖擞，而且，仪仗队前头还摆着两门迫击炮和四挺重机枪。这些武器不可能从印度得到，难道是从缅甸扛过来的不成？艾尔文将信将疑地问中国士兵，这些武器从何而来，中国士兵指指肩膀，回答道："从缅甸扛过来的。"再到营房看看，内务整理井井有条，操场上士兵们正在整齐地练习步伐。艾尔文折服了，立刻派人用卡车按英军给养标准送来了大米、白面、蔬菜、牛肉、猪肉、罐头、香烟、茶叶，还给所有官兵发了印度卢比。

新38师在英美很有名气，得知这支部队安全撤到印度后，罗斯福总统专门来电祝贺：

　　中国孙立人中将，于 1942 年缅甸战役，在艰苦环境中，建立辉煌战绩。仁安羌一役，孙将军以英明之指挥，击退强敌，解救被围之英军，使免被歼灭。后复掩护盟军撤退，于万分困难中，从容殿后，转战经月而达印度，仍军容整肃，锐气不减，实在难能可贵。其智勇双全，胆识过人，足为盟军之楷模。

　　再说第 5 军方面，杜聿明派第 96 师向北进击，攻占密支那西南方铁路线上的孟拱，试图进而夺取密支那向东突围回国。5 月 10 日上午，第 96 师开进孟拱。该城居民已逃亡，也不见日军踪影。午后，数百名日军抄后路截断第 96 师与军部的联系。杜聿明不知日军实力，以为从密支那突围无望，于下午 4 时电令第 96 师"即向孟缓转进勿延"。师长余韶接到这份电令后心有疑惑，心想："密支那只有几百敌人，纵然打不开，也可以由那里强行通过，再觅路经江心坡返回，何必去孟缓。"但他却未向杜聿明反映日军实力，只是与部下简单地商议了一下，认为军长如此布置必有其道理，便按电令随即开拔。中路的中国远征军就这样错过了回国的捷径，转入了山高林密的缅北山地。

　　从孟拱到孟缓有中国工兵修筑的公路，行走便捷。第二天傍晚，第 96 师就抵达 140 公里以外的孟缓。再往北，公路尚未筑好，车辆不通。更糟糕的是口粮已消耗完了，官兵们被迫四下挖野菜充饥。说来也巧，一群士兵在野外遇到三名英军士兵，背囊中尽是罐头食品，便询问罐头从何而来。因语言不通，这几名英国兵便被带到第 288 团第 1 营营长陈启銮那里。陈营长设法问明，东边仅两到三公里处有一座大仓库，原为筑路工人而备，内存大量粮食和罐头食品。他们马上随英国兵来到仓库，守库人早已撤离，库内大米、面粉、肉食罐头、奶粉、咖啡应有尽有。陈营长一面命士兵搬运，一面向师长汇报。这一意外发现暂时解决了全师的给养问题。

13 日，杜聿明大概弄清了密支那的敌情，来电要第 96 师向东撤回国内，余韶以密支那和滇西的龙陵、腾冲均落敌手，伊洛瓦底江有敌艇把守为由，提出由他自定该师回国路线。杜聿明此时已自顾不暇，便同意了他的提议。

离开孟缓前，第 96 师将所有军车焚毁。每人带足 15 天口粮，于 15 日 8 时向北方的野人山进发。这里山丘高耸入云，到处是躯干高大的阔叶乔木和枝杈丛生的低矮灌木，攀树缠枝的藤类植物将各种植物缠绕在一起。山里只有为数不多的"野人"居住，他们仍然刀耕火种，茹毛饮血，赤身裸体，住在搭在树上的棚屋里。

进入野人山，部队就像进入了黑洞洞的绿色隧道，终日不见太阳，即使不下雨，到处也都是湿漉漉的。山里根本没有路，先头部队手提长刀，披荆斩棘，在前面开路。林中多年落叶形成厚厚一层"地毯"，人走上去软蓬蓬，开始还觉得挺新鲜的，一会儿工夫就觉得双腿发重。更加麻烦的是，山里的一些岩洞、山沟也被灌木、树叶掩盖起来，形成一处处天然陷阱。从地表看上去像平地似的，但一走过去就会掉下去。若洞穴山沟较浅，掉下去的人还有救，要是深的话，人就完了。越过山与山之间的悬崖峭壁也不是一件易事。先头部队往往只伐一两棵树木横在山崖之上，官兵们慢慢地从上面爬过去，有人一不小心跌下去，顷刻之间就跌得粉身碎骨，连尸骨都找不到。

几天之后，官兵中患痢疾、疟疾者增多，每天都有数十人倒毙途中。在密林中，掉队就等于死亡。连日跋涉，人们疲劳不堪，想背那些掉队者也背不动。掉队的士兵也不愿拖累同伴，第288团一个士兵患病多日，再也走不动了，坚决不要别人背，流着眼泪与同伴话别："我不行了，不能拖累你们，请你们回国后给我家捎个信吧，就说我不能回来了。"

经过半个多月的艰难行进，第96师的288、286团、师直属队一部和军直属炮工兵团、辎汽大队翻过野人山，来到山北公路沿线的一个名叫麦通的小村庄。接着沿公路北行，经孙布拉蚌到达密支那以北200余公里处的小城——葡萄。另外，该师第287团和师直属队大部分在前往孟缓的途中被日军阻击掉队，至7月2日才翻山到达麦通。但此时麦通已被日军占领，副师长胡义宾、团长刘宪文亲临第一线领兵攻击。日军虽兵力有限，但猛烈阻击，第287团伤亡惨重，胡义宾副师长不幸阵亡。经一日激战，中国军队终于占领麦通。然而，去葡萄之路已被日军封锁，余韶师长派第286团南下接应，也被日军击退。第287团只得改变路线，向江心坡转进，迟至8月中旬才到达云南省剑川县与师部会合，仅生还病弱官兵300余人，其余2500余人除少数战死外，尽病毙于撤退途中。

第96师的两个团来到葡萄后一面休整，一面等候第287团前来会合。葡萄位于缅中印三国交界地带，从这里向西步行一个星期便可进入印度，而向东则要走20多天才能到达云南。官兵们归国心切，于是都决定向东回国。为补粮食不足，余韶向重庆发电，要求空投补给品。几天后，重庆飞来一架小型飞机，运来一部电台和五万盾银卢比，最急需的粮食却颗粒未运。葡萄人烟稀少，用银卢比根本买不到粮食，又不能扔掉，只得分给官兵。这沉甸甸的银币不仅没有用处，还给官兵增加了负担，真是让人哭笑不得。

后经专电交涉，重庆方面才派飞机送来米、盐、烟等物。经约一个月的休整，第 96 师于 7 月 5 日冒雨启程离开葡萄，每个官兵都带足了 24 天口粮。这次撤退前，所有车辆和非必需物品，包括一些重武器都扔掉或销毁了。但杜聿明专门下令必须把大炮抬回国，所以炮兵团的炮由炮兵和各步兵团抽调的数百名强壮士兵轮流用肩扛运。密林高山之中，单人行走都十分困难，要扛运这些笨重的铁家伙自然是难上加难了。也不知这些士兵有什么通天的本事，居然将这些重炮扛过了野人山，拖到了葡萄。但不少扛炮士兵已累死途中。离开葡萄的两天中，大雨下个不停，路十分难走。炮兵团的押炮员前来向余韶报告：抬炮士兵已死去百余人，另有两三百人患病在身，无力抬炮，建议将炮埋起来，待日后再回来搬运。余韶望着不断的雨丝，点头同意。

8 月 1 日，部队抵达高耸入云的高黎贡山下，这座南北向绵延数百公里的高山是中缅两国的界山，山那边就是中国了。官兵们虽极度虚弱、衣衫褴褛，就像一群乞丐，但一想到很快就能回到国内了，都来了精神。他们用了两天时间登上了山顶。当看到山下的怒江时，官兵们欢呼雀跃，流下了激动的泪水。回到国内时，这个原编制为 9000 人的师在战场上阵亡 2200 人，撤退途中损失 3800 人，仅存约 3000 人。

在缅甸的中英军队中最后撤离的是杜聿明的军部、廖耀湘的新编第 22 师和长官部的一些人员。在第 96 师从孟拱向孟缓进发时，杜聿明也率第5军直属队和新22师离开曼德勒—密支那公路，向北方的打洛开去。越往前走，路越难走，车队在原始的牛车道上颠簸行驶，速度缓慢，土路上扬起的尘土，遮天蔽日，官兵们身上满是灰尘。加上天热，灰尘与汗水混在一起，浑身上下黏糊糊的，十分难受。车行数日，路越来越窄，路旁的林木越来越密，终于有一天来到一个叫洞洞山的小村寨时，路没了，村后就是一望无际的密林和直刺云天的野人山。汽车已无用处，各种重炮也成了累赘，杜聿明只能下令将这些车辆火炮炸毁，徒步上山。

前几天烈日当头，转眼间又大雨滂沱。官兵们饥肠辘辘，浑身湿透，抬起沉重的双脚，向前艰难行走。6月1日，部队到达打洛，许多官兵又累又饿，纷纷倒下了，杜聿明也患了回归热，连续昏迷两天两夜不省人事。部队只得暂停行军等候。

两天后，大难不死的杜聿明才清醒过来。他大口喝下了一杯冰凉的雨水后，看清楚了站在担架边的参谋长罗又伦、师长廖耀湘和其他人，吃力地问道："什么地方？"

参谋长罗又伦探下身来轻声答道："这是打洛，军座。"

杜聿明感到他昏昏沉沉地睡了很久，怎么还是在打洛？当他知道整个部队的行进也停下来后，生气地下令道："前进，死也要前进，一刻也不准停留。"

官兵们又上路了，疲劳、饥饿、疾病又一起袭来，各种吸血昆虫也来侵扰。有一种山蚂蟥只有子了大小，平时潜伏在树上，以吸猴血为生。经大雨冲刷和人们行走碰撞，这些不注意看就难见踪影的吸血动物落到了人们身上，然后穿过衣服袜子，钻进皮肉里吸血。当人们感到发痒或刺痛时，这些蚂蟥已吸足血膨胀起来，多的时候，

116

一个人身上能找到上百条。看上去，像身上沾满了绿豆，令人恶心。要把蚂蟥弄掉还不能硬拉，一拉就断，剩下的半截仍往肉里钻。官兵们试过不少方法，发现最有效的是往蚂蟥身上涂烟油。一涂上，蚂蟥的头就马上从肉里退出来。而蚊子和其他不知名的小咬，更为可恶。这些飞虫不分白天黑夜出来叮人，传染疟疾等多种疾病。在当时，因病掉队的人很少有活着走出野人山的。

经过两个多月的艰难跋涉，杜聿明和他手下的官兵们于7月底陆续来到印度的列多。远在重庆的蒋总司令为这支王牌军担心操劳不少，在新22师还在野人山中挣扎行进时就多次派飞机空投补给和电台。听说第5军和新22师已接近列多，急派联勤部长俞飞鹏飞赴该城具体安排救援和接待工作。英国人也满口答应伸出援助之手，保证粮食、药品、服装、武器弹药的供应。英印政府征募数千名当地人进入野人山铺路搭桥。早已到达印度的孙立人部队，更是全师出动，安排新22师弟兄的食宿，带上粮食、药品进入野人山接应。

几天之后，到印度的官兵重归原编制清点人数，军部为1205人，新22师3121人。原先的45名女兵，现在只剩下4人。

杜聿明听到清点结果，十分痛心。仅就新22师的情况看，战斗减员为2000人，撤退减员竟为4000人，这该死的野人山竟比日本人的机枪大炮还厉害。第5军直属队和所属3个师在开出国门时共42000人，撤退回国和到印度的仅约20000人，不到一半。其他两个入缅作战的军损失兵员也在一半左右。

性格刚强的廖耀湘得知这个情况后竟失声痛哭。这算是哪门子事啊，新22师转战缅甸两个月不过伤亡2000人，而在野人山里一枪未发就损失了 4000 多人。

杜聿明心里何尝不难过呢？他心里憋着一口气，一定要率兵打回缅甸，洗刷战败的耻辱。就在这当口，重庆发来电令：新编第 22 师、38 师留在印度接受美国教官的训练，扩编为中国驻印军，由史迪威将军指挥，准备反攻缅甸。接下去的一句话令杜聿明大失所望：杜聿明率第 5 军军部机关回国。

军令如山，纵然有十二分不愿意也必须服从命令。临行前，杜聿明把廖耀湘叫来，把自己的勃朗宁手枪送给他，嘱咐道："好好练兵，好好打仗，反攻缅甸，报仇雪恨。拜托了。"廖耀湘与杜聿明共事这么多年，一起从野人山上九死一生地走出来，当然清楚这番话的分量，他"啪"地立正，响亮地答道："此仇不报，誓不为人。"

了却了这件大事，杜聿明心里还丢不下无数长眠于野人山中的部下。他在列多搭起灵堂，摆上祭品，亲自致祭辞：

> 痛乎！我远征军烈士诸君也，壮怀激越，奉命远征，别父母，抛妻孥，执干戈卫社稷，挽长弓射天狼。三月赴缅，深入不毛。与寇初敌同古，首建奇勋，为世人瞩目。再战斯瓦河、平满纳、棠吉，众官兵同仇敌忾，奋勇争先，杀敌无算。缅敌方酣，不意战局逆转，我远征军官兵转进丛林，身陷绝境。诸烈士也，披荆斩棘，栉风沐雨，茹苦含辛，衣不蔽体，食不果腹，蚊蚋袭扰，瘴气侵凌，疾病流行，惨绝人寰。惜我中华健儿，尸殁草莽之中，血洒群峰之巅。出师未捷身先死，壮志未酬恨难消。
>
> 悲夫，精魂忠骨，永昭日月。

兹特临风设祭，聊表寸心。

祭毕，杜聿明含泪向官兵们挥手道别，满怀一腔悲愤之情，率军部人员乘机回国。留在印度的中国远征军将接受美式军训，准备反攻缅甸，消灭日本侵略者，为死去的弟兄们报仇。

八

风向开始改变

日本军队虽在缅甸连连取胜，但整个战局已发生了重大转折，5月7日至8日的珊瑚海海战中，美国海军少将弗兰克·弗莱彻率第17特遣舰队击败由爪哇海战中的得胜者高木武雄中将率领的日军舰队，阻止了日军南下进攻澳大利亚的企图。6月4日，日美海军主力舰队在中途岛附近海面交战，斯普鲁恩斯海军少将的第16特遣舰队与弗莱彻的舰队联手，一举歼灭南云忠一指挥的第一机动部队，击沉"赤城"、"加贺"、"飞龙"、"苍龙"四艘航空母舰，控制了太平洋的制空权，美军开始逐渐由防御转入进攻。8月7日，瓜达尔卡纳尔岛争夺战开始，美日双方投入重兵，在海上、岛上展开空前激烈的消耗战，日军的主力被吸引过去，东南亚战场兵力空虚，攻势暂告停止。

日军在这一地区名义上仍驻扎着五个军，但大多严重缺员。在原法属印度支那的印度支那驻屯军只有一个师团；婆罗洲守备军下辖两个独立守备队；驻扎在爪哇和附近岛屿的第16军只剩下一个师团和两个独立守备队；占领马来亚、苏门答腊的第25军也被抽空，下辖仅一个师团和三个独立守备队。在缅甸方面作战的第 15 军力量最强，下辖第 18、33、55、56 共 4 个师团，但也显得兵力分散，防守不坚。日本南方军总司令寺内大将深感不安，向大本营去电要求增兵。东京那边还未答复，缅甸西部战火又起，所不同的是，这回是英印军进攻，日军转入防守。

1942 年 11 月底，英军开始在印缅边界南端的若开区一带发动小规模的反攻。这是连接两国的重要陆上通道之一，日军将它视为海陆并举入侵印度的最佳地点。对于英军来说，从这里攻入缅甸，只要越过阿拉干山和伊洛瓦底江就能直捣仰光。由于日军主力北上追击英军和中国远征军，若开地区只有第 33 师团的官胁支队守卫。这个支队属下的两个大队驻扎在孟都和布迪当。

英军刚刚战败，行进十分谨慎。当时只是将英印军第 77 旅开到孟都和布迪当附近进行恫吓，官胁支队在紧张对峙一个月后，于 12 月底撤退到若开北侧的拉德堂、敦贝科一带。第 77 旅随即开进，尾随日军前进。1943 年 1 月初，双方在敦贝科发生激烈交火，日军势单力薄，一面拼命抵抗，一面向仰光求救。

第 15 军司令官饭田祥二郎中将是日军中资格较老的军司令官之一，从 1940 年 9 月"进驻"法属印度支那，到 1941 年 12 月"进驻"泰国，他的 15 军在东南亚占的地方比其他军都多，花的力气也最小。接下来，便是侵略缅甸，15 军的兵力从两个师团增至四个师团，几个月工夫就自南向北横扫整个缅甸，打败中英军队。按理，饭田应该得到天皇陛下的奖赏了。但是，日军大本营内有人认为饭田目光不够远大，进攻步伐不够坚决，未能乘胜扩大战果攻入印度，而且在滇西占的地方也太小。身在仰光的饭田在得知了这个消息后不觉出了一身冷汗，他一下子明白了为什么他向大本营提出的将第15军扩建为方面军和增调援兵来缅的建议会没有下文，原来上头对自己的能力有看法。就在这当口，西部边界传来英印军攻入日军防线的消息，饭田深知这是英军反攻的前奏，而且此战胜败关系到自己的官运，绝不能掉以轻心。他立即命令驻扎在缅甸南部的第55师团前去消灭大胆妄为的英军。第55师团长古闲健中将率军由陆路沿孟加拉湾向北驰援。

此时盟国空军已得到很大增强，在印度，英美空军的飞机已达400架，大部分是性能先进的B-24和P-38型作战飞机，开始对缅甸的日军目标进行空袭。1943年1月间，盟军的空袭达1000余架次。这样，日军第55师团的陆上行动受到盟军空袭的阻止，行进缓慢，而海上行动全暴露在盟军飞机的火力下，不得不放弃。

英军的地面进攻兵力加强，英印第7师也投入战斗。拉德堂、敦贝科一线战斗日趋激烈，日军渐渐支持不住，古闲健提议放弃这条战线，遭到饭田的坚决拒绝，严令守住这一地区。

直到2月上旬，第55师团的增援部队才陆续开到前线，交战双方一时谁也无法吃掉对方，战局呈胶着状态。英军指挥员劳埃德将军对实现预定作战计划抱乐观态度，打算加强攻势拿下博贝卡港，接应两栖作战部队登陆。

在印度边界这一侧，英印第14军的两栖登陆部队在做登陆准备。他们武器精良，弹药充足，官兵的斗志甚旺，但他们缺少登陆艇，只得征用和搜集了三艘轮船、五艘摩托艇和其他一些船只。然而，战局的变化使得这支两栖部队再也无法起航。

原来，老谋深算的饭田还派出了一支奇兵，从北侧翻过缅西密林高山，经过一个多月的步行，于 2 月下旬到达英印军的背后，发起突然进攻，把劳埃德的部队打了个措手不及。这支奇兵是第 33 师团的有延支队，虽只有一个大队的兵力，但出敌意料，起到了扭转战局的关键作用。

英印军官兵不知日军到底有多少兵力，以为被包围了，军心动摇。劳埃德急忙向新德里的韦维尔将军汇报。韦维尔与司令部的参谋人员立刻分析敌情，认为英印军腹背受敌，必须尽快撤回，而且，英国未做好全面反攻准备，不能贸然增派军队，削弱印缅边界其他地段的防御。丘吉尔却不为所动，他在卡萨布兰卡已向罗斯福拍了胸脯，保证实施两栖作战，岂能无功而返。无奈之中，韦维尔派遣斯利姆将军前往若开战场协助劳埃德指挥。斯利姆到前线后，发现劳埃德仍沿用英军的传统战术，重视以交通线为依托的正面进攻，放弃两翼和侧后迂回，很容易重蹈一年前英军在缅甸遭受的失败，被日军包围消灭。

但劳埃德并不接纳斯利姆的意见，心想你一个败军之将，有什么资格对我讲话，要不是你把缅甸丢了，何须我现在吃这般苦头。

日军第 55 师团从容调兵，神不知鬼不觉地将英印军的一个整旅包围在因丁附近，于 3 月下旬发动了因丁歼灭战。第 112 联队和第 143 联队抓住英印军敌情不明的弱点，先以各种火炮猛轰。英印军蜷缩在各种车辆和房舍之间，一发炮弹落下来就能炸死十几人，官兵们胡乱向周围开枪开炮，误伤了不少自己人。日军乘乱发起地面冲锋，一举歼灭该旅主力。斯利姆受命接替劳埃德指挥这场战役，但英印军军心动摇。面对潮水般向西退却的队伍，斯利姆也无可奈何。到 5 月上旬，全军退回印度境内，留下 2500 多具官兵的尸体躺在缅甸丛林之中腐烂。

回到新德里，斯利姆对劳埃德的指挥失误进行了严厉的指责，他对韦维尔和司令部的参谋人员说："在战争中你必须为你的错误付出代价。"韦维尔则从这次失败中得出这样的结论：在缅甸丛林中发动任何大规模的行动都是徒劳无益的，再不能让英国官兵白白送死。但是，如果待在这里无所事事又没法向首相交差，所以韦维尔在若开战役进行的同时批准在缅甸境内发动游击战，你日本人不让我舒坦，我也叫你不得安宁。

指挥这场游击战的是一位颇具传奇色彩的英军准将奥德·温盖特。他看上去完全不像正统的英国军官，不修边幅，军服上污点斑斑，特别喜欢喝酒，而且专爱喝烈性酒，见到苏格兰威士忌眼睛就发红。每次出去打仗，身前身后总要背上几壶好酒。韦维尔这次挑选温盖特担此重任也是有缘由的，他在北非时就很了解这位"游击战专家"的不凡经历。温盖特曾在中东住过很长一段时间，潜心钻研巴勒斯坦地区犹太人的游击战术，并深得其精髓。后来他跑到埃塞俄比亚小试锋芒，竟迫使两万意大利军人缴械投降。兵败缅甸之后，韦维尔就把这位传奇英雄调到印度，交给他3000名英国、廓尔喀和缅甸士兵，编成一个旅专门进行游击战训练。温盖特并不照搬原来的那一套，而是根据缅甸丛林山地的特点，在编制、装备、战法、训练、补给、通讯等方面进行了大改革。他向士兵灌输绝对服从指挥的信条，自己身穿士兵服与士兵们一起在泥水里摸爬滚打，以高超的本领赢得了士兵们的信赖和尊敬。为了能使缅甸民众对自己的部队产生好感，温盖特专门用一种守护缅甸圣祠的石狮子"钦迪特"为他的旅命名。

2月8日，温盖特终于等来了盼望已久的命令：进军缅北，破坏敌人交通线。"钦迪特"旅的官兵立即从英帕尔启程向东进入缅甸，沿着上一年英军退回印度的道路挺进。为了节省官兵的体力消耗，温盖特只让手下的人随身携带轻武器和少量弹药，所有口粮给养一律用骡马驮运和飞机空投。

日军在把中英军赶出缅北后，放松了戒备。第15军司令部相信这一地区的山地密林是最好的天然屏障，中国军队在密林中吃了大苦头，断不会在短时期内添乱。至于英国人，饭田中将就更没有将他们放在眼里，这帮家伙除了逃窜之外什么本事都没有。日本皇军战功卓著，此刻当然应当好好休息放松一下，然后再做一段时间的丛林训练，就等着到印度去掏英国人的老窝吧。果然，驻缅北的第18、33、56师团像放假一般，官兵们或畅怀痛饮，或去慰安所及当地妓院寻欢，在战争期间竟能如此作乐真是难得啊，自然不能轻易放过。

1942年11月底起西南部的若开出现紧张局势，不久就打了起来。这对缅北的日军好像没有大影响，那边有第55师团的弟兄们守着，足以收拾那帮不堪一击的英印军了。不过，要完全隔岸观火似也不够意思，靠若开最近的第33师团派出一个大队助战。虽然兵力是少了些，但意思算尽到了。如若大兵尽出，第55师团说不定反而不乐意了，以为是小看了他们呢。所以，这边依然一切照旧，当玩的玩，当乐的乐，向军司令部的报告则是一本正经：部队正休整，恢复战斗力，即将投入训练。

就在日军毫无戒备之时，温盖特的部队分为南北两股，顺利地穿过印缅之间的密林，渡过亲敦江，渗入到曼德勒—密支那铁路和

在缅甸活动的英军"钦迪特"游击队，给养全部空运

公路沿线地区，炸桥梁，毁铁路，扒公路，使这两个城市间的交通失去安全。日军第33师团、18师团的一些部队驻地也遭到袭击。日军完全没有料到会受到这样突然的沉重打击，更不知道这支盟军部队是从哪儿冒出来的，连忙停止一切休假和外出，动用第18师团主力和第33、56师团的部分兵力围剿敌军，其他部队处于时刻待命状态。

日本重兵一出动，温盖特的部队立刻消失在铁路线以西不远处的密林中。日军进剿毫无所获，第18师团长牟田口廉也中将断言："如果他们待在丛林中，他们就得挨饿。"但是，这位颇为得宠的日军指挥官显然对温盖特的后勤供应方式一无所知。到此时为止，温盖特和他的部下依靠空投补充给养，吃得好，喝得足，弹药武器也样样不缺。要是温盖特仍然以丛林为依托，不时派小部队去破坏交通线，袭扰日军目标，他可能会取得更大的胜利，日军大部队也奈何他不得。但不知是何原因，这位以游击战起家的将军竟也耐不住丛林中的寂寞，想玩两手英国皇家陆军的正规战术。这一扬短避长之举，是温盖特所出的最大错招。正所谓一着不慎，满盘皆输，此话一点不假。

温盖特挥兵东进，渡过伊洛瓦底江，进至缅东地区。难道这家伙要冲入中国不成？连日军指挥官也被他的这个意外之举惊得目瞪口呆，连喊太不可思议了。但是，一过江，英军完全暴露在酷热难当的大平原上，原先令日军头痛的丛林战术已毫无用处。相反，一举一动都暴露在敌人面前，日军大部队迅速从各个方向压过来。而且，这里由于距离较远和日军飞机的阻击，空投补给断绝，仅靠骡马驮运的粮食也支持不了多久，再后来连骡马也杀了充饥。温盖特连连向后方告急，但他等来的不是粮食或援兵，而是一纸撤退的电令。

要说温盖特来得容易，那是因为出乎日本人的意料。现在要走，可就没那么便当了。各条道路、伊洛瓦底江沿岸都布满了日军，而且日军拿出扫荡战的王牌，在江东地区像用梳子梳头发似的来回扫荡，打得英军无法藏身。情急之下，温盖特使出游击战术中化整为零、分散撤退的招数。4月初，温盖特的部队四散撤退，其中一队还真的撤到了中国安全地带，受到中方热情款待。

温盖特本人率上百人向西来到伊洛瓦底江边，只见江岸上日军巡逻队接连不断，江上日军巡逻艇和一些用民船改装的武装船只来来往往，看来日本人非把温盖特的部队全部吃掉不可。见到这种阵势，温盖特不敢贸然行事，命令手下潜伏在江边一片庄稼地里，伺机行动。

虽然只是在4月，可缅甸那里的天气已很热了，特别是烈日高悬的时候，炽热的阳光照射在人的皮肤上火辣辣的疼，几天就脱一层皮。随身带的面包、肉罐和骡马肉都已吃完，饿得两眼冒金星的官兵们像野人一般用刀挖野菜充饥。苦熬了一个星期后，远处响起密集的枪声，大概是日军与温盖特的另一支小部队交上了火，岸边的日本兵和江上的日军船只也向交火地点赶去。温盖特抓住这个机会，率他的这支小部队渡过了伊洛瓦底江。

好不容易跑进了密林，日军的威胁不存在了，但用什么东西填肚子成了最大的问题。过江之前，那些重的东西包括电台都销毁扔掉了，没法与后方联系空投。温盖特这帮人是见到什么能吃的就吃什么，地上长的、树上结的、林中跑的、天上飞的统统都吃。经过千辛万苦，温盖特的3000名官兵只有不到200人回到印度。

温盖特的这次远程突袭使日军 3 个师团在长达三个月里处于疲于奔命的状态，训练计划全部泡汤。日本军方高层认为第 15 军未能正确估价和认识英军的立体反攻企图和能力，造成大错。大本营已对饭田祥二郎的表现感到失望，不相信他能肩负起保卫缅甸和进攻印度东北部的重任，于是趁调整编制之际，把他撤了。第 18 师团师团长牟田口廉也中将接任第 15 军司令官，另调河边正三中将任新成立的缅甸方面军司令官。不过，兵力并未增加，仍为四个师团。其中第 55 师团改为方面军直属部队，缅北的 3 个师团归第 15 军指挥，军司令部也搬到了眉苗。

英国军方领导人对温盖特此举评价甚低，认为这场游击战"损失巨大所得收益甚少"。斯利姆也这样认为，他说："作为军事行动，这次袭击是一次代价高昂的失败。"英国政界和新闻界却反应强烈，英国报纸把温盖特称为英雄，丘吉尔赞扬他是"一个富有天才和胆识的人"，还将他召到伦敦，准备升他为军长，但因遭到军方领导人的强烈反对而作罢。丘吉尔这样做一方面是要表彰温盖特的勇敢精神，另一方面感到有必要借此让全世界，尤其是傲慢的美国人见识一下英国人的这种精神。

温盖特突袭造成的一个间接后果是促使日本人加速修建泰缅铁路，竟有十多万盟军战俘和各国劳工死在工地上。

日本人从骨子里看不起俘虏，哪怕是在受伤或不省人事时被俘也是不可饶恕的，经常有日军俘虏在接受治疗时突然醒来，抢过医生手中的刀剪自杀。做俘虏不仅会给本人，也会给家人带来耻辱。日军的军人手册上赫然写道："必须牢记，被俘一则有辱于皇军，二则连累父母家族。因此而永远无颜见人。要常把最后一粒子弹留给自己。"日本人看待自己人做俘虏尚且如此，更不把盟军俘虏当人看。

自从日本发动太平洋战争以来，东南亚战区约30万盟军官兵沦为战俘。他们在战俘营中挨打受骂，动不动就被日本兵拉去绑在树上当活靶子刺死。东京自然不会白养这些战俘，大批战俘被运到朝鲜的矿井去做苦力，或运到其他地方修机场。首相东条英机在1943年5月更明确地宣布所有战俘"不干活不得食"。

随着缅甸战事的进行，日军的后勤补给显得紧张，于是大本营下令制订修建泰缅铁路的方案。经勘察，决定在泰国曼谷以西的佛统和缅甸毛淡棉以南的丹彪西驿之间修筑一条长约400公里的单轨铁路，所需劳动力全部由战俘和所占国家劳工充当。

1942年10月，3000名澳大利亚战俘刚刚建成一个泰国机场后被用船运到毛淡棉，然后乘火车来到丹彪西驿，开始从缅甸这头修筑这条铁路。几星期后，成千上万的英国战俘被运到泰国，从铁路线的另一端开始他们的苦役。

这条铁路线英国人也曾打算修筑，但经过考察，认为筑路过于困难而放弃了。说实话，沿线的条件真是十分恶劣。到处是密林、山地和河流，大片大片的沼泽分布其间，人迹罕见。日本人修这条铁路几乎不用任何机械，全靠战俘和劳工手挖肩挑。可怜那些盟军俘虏原来是些身强体壮的年轻人，经过战俘营和其他苦役的折磨都变得面黄肌瘦，而到了筑路工地只干上几个星期就落得了皮包骨头的惨状，根本没个人样。每天的伙食就是一点点霉米饭，吃不饱又要干十几个小时的重活，谁能支持得住！数不尽的蚊子、山蚂蟥扰得人无法休息，还传播疾病。于是疟疾、痢疾流行，每天都有不少

1942年，盟军战俘在有"死亡铁路"之称的泰缅铁路上劳

人病倒死去。

那些惨无人道的日本监工最为可恶，他们对动作稍迟缓的战俘或劳工，不问缘由，上去就是顿鞭打。如有人病倒，不仅不给治疗，还以防止传染为名，把还活着的人拖到密林深处去埋掉。1943年春，英军突入缅北，东京下令将完工期限从这一年的12月底提前到8月底。工地拉上电线，装上电灯，发电机是人工摇动的，这样即使在黑夜里也必须干活了。人手不够，日本人便从其他地方运来好几万名战俘，又在中国和东南亚各国征用了30万劳工，每人每天要干16个小时以上。

这年的雨季来得特别早，4月中旬开始雨就下个不停，道路泥泞，小溪变成宽阔的河流，许多地方交通中断，筑路材料和补给都运不进去。泥土经雨水一泡成了泥浆，怎么也堆不成路基。日本监工为了赶进度，强迫战俘和劳工冒雨干活。人们干活、睡觉都泡在水里，手和脚都烂了，露出了白森森的骨头，简直惨不忍睹。由于卫生状况极差，引起霍乱流行。短短数天之内，竟有4000多人病死。一些劳工和战俘无法忍受下去，逃入密林，但一无食物，二无体力，又不识路，几乎全部倒毙于林中了。

由于工程实在无法在8月完工，大本营同意将完工期限延迟两个月，最后在1943年11月全部筑成。或许是由于求生的强烈欲望，或许是由于刺刀逼出来的畸形爆发力，战俘和劳工们在短短的一年时间里开挖搬运了1.5亿立方英尺的土方，建造了总长9英里的桥梁，修通了这条400公里长的铁路。在筑成的每公里铁路线上都有近300名战俘和劳工丧失了生命，这哪是一条铁路，分明是用盟军战俘和劳工的血肉之躯堆成的"死亡之路"！

与此同时，盟军方面收复全缅甸的"安纳吉姆"计划虽在若开受挫，但不久英美首脑又拟定"茶碟"计划，决定在缅北发起一场局部攻势，打通和铺就一条连接印度和中国的公路，并特别规定该战役由中国军队主攻，英美军协攻。

这是在 1943 年 5 月，消息传到加尔各答西北约 200 公里的兰姆加，在这里进行军训的中国驻印军官兵欢呼雀跃，报仇雪恨的日子终于来到了。

屈指算来，中国官兵来到这里已有九个月时间了。想当时，刚与杜长官道别后不久，就登上了黑洞洞的铁罐车，没有人告诉他们要到什么地方去，车门口把门的是全副武装的美国宪兵。连不少军官也弄不清是怎么回事，心想：我们是中国军人，走的是英国人统治下的地方，怎么有劳你美国人来"侍候"？说起来都是盟军兄弟，可是却有一种像是当了俘虏或犯人的感觉，真他妈的憋气！

晕晕乎乎地在车上待了五天，不知大汗淋漓了多少遍，又换乘汽车，总算到了地方。下车一看，心里更没底了。放眼望去，殷红的沙土地上排列着 200 多幢整齐划一的楼房，四周还拉了铁丝网，美国宪兵表情严肃，三步一岗，五步一哨。中国官兵们怎么看怎么觉得是到了战俘营或监狱之类的地方，别是老蒋跟美国人闹翻了，把咱哥们儿弄到这儿关起来。再看看，领头的美国军官还算和善，甚至还对他们笑了笑。噢，孙立人和廖耀湘师长也在这里，腰里还别着手枪呢，看样子不会有什么事。

美国人花样真不少，先让官兵们把随身携带的武器和其他物品扔在一边堆起来，再把他们领到一座高大的像是仓库的建筑物跟前。美国军官一声令下："Take off your uniforms."大家你看看我，我看看你，不知是怎么回事。翻译官站出来说："把你们的衣服脱掉。"官兵们一听，立刻照办，反正都是大老爷们，谁怕谁啊，这一身汗湿的衣服早就想扒下来凉快凉快了。进了大门才发现，这房子是一个大浴室。

从浴室出来，穿上新发的英军军服，人人焕然一新。当兵的最记挂的是手中的枪，连忙想回去取武器，美国军官又把大家拦住了，摇头连说："No，no."看到大家不明白，这位军官解释说："你们的枪不好，统统不能用了，一律换我们的枪。"

第二天，一万余名中国官兵在大操场列队集合。人人身着米黄色英式夹克军服，头戴深绿色军用凉盔，胸前挂着美式枪支，威风凛凛，好不威武。

执勤官一声"立正"，只听"啪"地一声，一万多人整齐划一，大地为之颤动。放眼望去，史迪威将军在孙立人、廖耀湘二位师长陪同下大步走到队伍前的高台上。看到官兵们威武雄壮的样子，史迪威露出了欣慰的微笑。

为了今天，史迪威可费了不少工夫，经常是早晨重庆、晚上新德里来回奔波，跟蒋介石争取受训部队，跟韦维尔要训练地，现在总算有了落实。史迪威是个中国通，早在1920年就来到中国担任语言教官，一干就是四年。后来又两度来华，一次是在天津的美军第15步兵团当营长，另一次是在美国大使馆任武官，又在中国度过八年时光。他与中国政界军界许多要员交往甚密，还能讲一口说得过去的中国官话。此时，他站在高台上放眼巡视全军，声音洪亮地说："中国官兵们，蒋委员长派我到印度来，担任中国

美军司令麦格鲁考察中国远征军士兵的体

驻印度军总指挥。你们必须绝对服从我的命令，听从我的指挥。你们不要害怕日本人的飞机大炮和机关枪，我保证美国有更多的飞机大炮机关枪给你们。我们不仅要打回缅甸，还要打到东京去!"短短数语，铿锵有力。有些士兵不太懂他的话，但像"飞机大炮和机关枪"和最后的那句口号还是能听得出，便一起高呼："打回缅甸!""打到东京去!"

美国教官下到连队，进行专项训练，让官兵们大开眼界。比如练射击，中国人的方法就是拿枪练瞄准，临了打几发实弹了事，简单之极。美国人不这么干，先讲理论，分解枪支，从各个部件的作用，讲到弹药原理，动不动满黑板外文公式，大多数官兵如入五里雾中，教室里那些光滑的座椅好像变成针毡似的，一见上理论课就头皮发麻。

到射击场也不轻松，无论立式、蹲式还是卧式，动作必须规范，从举枪瞄准到射击分解成十几个动作，一个动作也不许含糊。真要打实弹了，美国人可真大方，子弹管够，想打多少就打多少，乐得士兵们直喊过瘾。

美国军官的训练方法也不一样，对待士兵，他们不打不骂，遇到看不上眼的，手往旁边一指，叫你靠边站，看别人怎么练，从不罚你。下次再来，要是还做得不符合要求，立即叫你到遣返队报到，乘每天运美援物资的运输机回国，丝毫没有商量余地，任何人求情都没有用。

练完队列、射击，美国教官又把受训部队带入丛林。这回轮到中国人看不起美国人了，心想咱爷们哪个不是双脚踏过野人山，在山林中九死一生过来的，还轮到你来教咱们。殊不知，西点军校的那套丛林战课程还真不好学。就说热带丛林生存训练，不仅要练上树入洞，翻山过涧，还要练吃。一听说练吃，大家"哄"地笑了，老美大概没见过中国人吃的本事。可等"食谱"开出来，还是让人吓了一跳，只见"食谱"中除了树皮、野果子、生鱼、生肉、鸟蛋、老鼠、活蛇之外，还有蜗牛、蚯蚓、蚂蚁、知了、蜘蛛、蝗虫、螳螂、蛾子、蟋蟀、蝙蝠等"野味"。要不吃，美国军官便头一摆，来上一句："遣送队那里是你想吃什么就有什么，你去吗？"大家强忍着，使劲儿往下乱吞。就这样，林中定方向识路、射击格斗、通讯联系，一关关地都闯过了。

兰姆加这边练兵热火朝天，史迪威飞到重庆，把兰姆加训练营地拍的大量照片拿给蒋介石看。蒋介石接过照片，仔细端详，不住地点头说："好，好。"史迪威也闹不明白到底是说中国兵练得好，还是那些崭新的美式枪炮车辆好。但他不管这些，乘这位委员长心情好的时候，再一次提出加派中国军队去兰姆加受训。蒋介石这次十分爽快地答应了。史迪威对蒋介石的变化无常是领教够了，记得几天前他向这位委员长提出同样要求时，得到的回答是"这事你去找何应钦商量商量"。蒋介石不发话，找何应钦有何用处？事后史迪威苦笑地说："他为什么不满意呢？我们在拼命帮助他，而他批准一下倒显得好像作出了巨大让步似的，使你几乎要对你不由自主地设法帮助的那个家伙感激涕零了。"

运兵去印度是一件很方便的事。缅甸陷落后，美国援华物资全靠美军 C-45、C-47 大型运输机飞越喜马拉雅山空运，回程都是空载，正好运送受训部队。

听说要去印度受训，那些从来没乘过飞机的士兵们一阵兴奋。

乘车去机场，全都空着手，反正美国会发新枪。临下车时，长官又发话了："衣服统统脱下来，只留裤头。"看到光身子的士兵们愣愣的，当官的说："到地方会发新军服，这些破军服穿过去也是烧掉，不如留下来还能派上用场。"昆明九、十月份的天还不算冷，咬咬牙坚持一下也就算了。上飞机时，每人发一个纸袋，是晕机呕吐时用的。等上了高空，特别是飞越喜马拉雅山时，那个冷劲儿真受不了。机舱里没有暖气，有些飞机的舱门坏了，冰冷冰冷的风直往里灌。再看看开飞机的美国大鼻子，刚才在地上还是短衫短裤，转眼间皮袄上身。等下飞机时，经常有人再也起不来了。那些勉强能坚持住的，都得在火热的日头下坐在空地上晒个把钟头才能缓过气来。这年的 9 月份，每天从国内运 400 名新兵过来。到 10 月份，又增到每天 600 人。

蒋介石见部队源源不断运到印度，领了枪换了炮，又学了美军战术，也还比较高兴，但日子一长，又感到不放心。兰姆加那边史迪威一手遮天，驻印军筹备期间，史迪威就要求营长以上全由美国人担任，只是在自己坚决反对之下才作罢。要是驻印军都被史迪威"美国化"了，不听调动，那就惨了。第二年一开春，蒋介石就派郑洞国赴印组建新编第 1 军，下辖新编第 22、38 师。史迪威得知此事，很不高兴，但身为蒋介石的参谋长又不能违令，于是把郑洞国的军部架空，只让军部管理军容风纪，其余一律不得过问。

到 1944 年，新编第 30 师、第 14 师和第 50 师先后运来印度受训，驻印军的总人数达到 5.3 万人。驻印军兵力大增，编制做了扩大。郑洞国升任驻印军副总指挥，新编第 1 军军长由孙立人担任，下辖新 38 师、新 30 师和第 50 师。廖耀湘升任新编第 6 军军长，下

辖新编第 22 师和第 14 师。这支部队在盟军司令部里所用的代号是 X
部队，预定从滇西出发攻击日军的中国军队的代号是 Y 部队。中国
官兵摩拳擦掌，准备掀起一场"X + Y"攻势，拿下缅北，打通中印
公路，消灭日本鬼子，报仇雪恨。

九

血战英帕尔

1943 年，除了若开战役和温盖特的游击战外，缅甸战场基本平静。交战双方利用这段时间休整部队，调整作战指挥体系，制订下一步作战计划，调兵遣将，磨刀霍霍。

在仰光的日军缅甸方面军司令部里，河边正三中将正研究挂在墙上的一张英属印度地图，思索着从哪里下手，把这块肥肉一口口地吞掉。在这方面，河边真可谓老手了。1937 年他在北平任日军旅团长，直接插手制造卢沟桥事变，导致侵华战争的硝烟弥散在大江南北。来缅甸前，他就打定主意，要令世界再大吃一惊，一举扭转战局。河边踱到窗前，望着直通大门口的林荫道，想起了在树下与饭田祥二郎道别的情景。饭田将军虽英勇善战，但过于谨小慎微。南方军总司令部于 1942 年 8 月下达的进攻印度阿萨姆邦的 21 号作战计划，本是大显身手的绝好时机，想不到这位老兄竟以"印缅边境地势不适于运用大兵团作战和准备时间不足"为由而推诿，终导致该项计划流产，他自己也丢了官。在握手道别后，河边望着饭田远去的背影，心中不觉升起一丝怜悯之情，但马上就消失了，靠这样畏葸不前的司令官指挥缅甸方面作战，对帝国大东亚共荣事业有害无利。

河边正想着，只听见一声"报告"，回头一看，来人正是新任第15军司令官牟田口廉也中将。河边与牟田口相识已久，都是日本对外侵略的急先锋。制造卢沟桥事变也有牟田口的份儿，他当时任盘踞在丰台的日军联队长。因侵略有功，牟田口爬升很快。在马来亚作战中，他率领第18师团担负左翼进攻任务，迅速横扫马来亚，接着又与第5师团和近卫师团一齐攻下新加坡。后来又参加侵略缅甸的战争。现在，牟田口刚刚把温盖特的部队赶出缅北就奉命来到仰光。

河边与牟田口经过商议，认为仅凭天险，无法抵御盟军从东西北三个方向的反攻，必须主动出击，摧毁其反攻基地。为此，英军在印度东部的军事重镇英帕尔必须予以拔除。于是，缅甸方面军向南方军总司令部和大本营提出了发动英帕尔战役的建议。

南方军总司令寺内大将对这个建议予以积极支持，连忙派稻田副总参谋长去东京，向大本营陈述进行这场关键性战役的必要性，并请求大本营向缅甸增派部队。9月初，英帕尔战役计划获大本营批准。南方军总司令官随即发出"乌"号作战令，命令缅甸方面军"向英帕尔方面采取攻势，并将防卫线推进到该线"，并从泰国和其他地方紧急向缅甸调兵。

具体担负作战任务的第15军司令官牟田口早已料到这项计划定获批准，已花了两个月时间侦察敌情和地形，修筑行军道路，整顿部队编制和装备，并拟定出具体作战要领：由第56、18师团分别抗击云南和列多方面盟军，担任掩护任务；15军主力第31、33、15师团分南北两路横穿缅西丛林山区，其中第31师团攻占英帕尔以北约100公里处的科希马，阻止英军通过阿萨姆铁路增援，建立进一步进攻印度的前哨基地；余下第33、15师团负责歼灭英帕尔守军，夺取该城。主攻于1944年春发动。

作战要领拟就后，牟田口痛快地长舒了一口气。虽然温盖特在缅北的闹腾的确使他头痛了一阵，但此时那些不快早已消失得无影无踪了。英国人充其量也只能派个温盖特到这里来小打小闹一番，而我这回要把你们连锅端，让你们这些英国佬再尝尝日本皇军的厉害。

牟田口的作战方案很快得到批准，东条英机首相亲自浏览，大力支持。

促使日本发动英帕尔战役的还有一个关键性人物，他就是钱德拉·鲍斯。从姓名就可以看出，鲍斯是一个印度人。不过，鲍斯可不是一个平凡的印度人，他曾积极参加和领导反对英国殖民统治的斗争，当过印度国大党主席。因受党内其他领导人的排挤流亡欧洲，谁跟英国作对，他就往谁那儿跑。1941年3月到了柏林，求见希特勒。希特勒忙于打仗，把这个鲍斯一晾就是两个月。但鲍斯一次次求情，一次次往希氏官邸跑，终于使希特勒铁石心动，同意见见这个印度人。鲍斯一见希特勒便滔滔不绝，竟使这位以口才见长的德国元首插不上话。一旁的德国工作人员也不禁感叹亚洲人的口才真不得了。日本的那个矮个子松冈洋右一说话就像打机关枪，连梭子都不用换。这位鲍斯也毫不逊色，从要求德国承认印度独立，到要求德国帮助组建一支印度军队，跟德军打回印度。希特勒虽早想吞下整个世界，但眼下欧洲战事正紧，还顾不上到印度去插上一手，便没有点头。鲍斯从接见厅出来，心情沮丧到了极点。年底，东南亚战火燃起，顿时给他带来了新的希望。要赶走欧洲人，不能靠欧洲人，只有靠亚洲人自己才行，而日本人鼓吹的建立亚洲人的亚洲的口号颇对他的心思。

1942 年 2 月 20 日，鲍斯也不问日本人是否愿意，便在柏林发表了印日合作声明。东条英机闻知大喜过望。培植傀儡为日本的侵略装饰门面是东条的惯用伎俩，他立即抓住这个机会，发表演说，支持印度民众奋起推翻英国人的统治。实则想借用鲍斯，达到侵略印度的目的。

鲍斯再也耐不住了，启程离开柏林经苏门答腊来到日本东京。这回日本人没让他吃闭门羹，东条英机立即召见，答应了他的所有要求，并解囊相助，令鲍斯感动不已，连说"日本是我们的同盟者和希望"。7 月，鲍斯到日军占领下的新加坡，出席印度独立同盟大会，当了同盟主席，立刻着手在日本人的"协助"下组建印度国民军。枪炮弹药好办，英军原先的仓库里有的是。兵从哪里来呢？日本人立刻打开战俘营大门，里面有几万名印军俘虏。鲍斯一下就挑了四万人，又在东南亚印侨中招兵买马。转眼工夫，一支由三个师、九万官兵组成的印度国民军出现了，准备反攻印度。鲍斯一不做二不休，于 10 月在新加坡宣布成立"自由印度临时政府"，自己出任"国家元首"、"总理"、"国民军最高司令官"和"军事部长"、"外交部部长"等职。为给这位手无寸土的"元首"打气，东条把日本占领下的印属安达曼群岛和尼科巴群岛交给他统治。鲍斯一再号召"进军德里"，东条借机以顺应印度民意为由，决定进攻英帕尔。他还向鲍斯许诺，一旦日军攻下印度，就立刻交由鲍斯实施

印度日军傀儡军队"印度国民军"海报图中，站立者为国
民军司令鲍斯，地名科希马是其进攻的目标

统治。

英军这边密切注视着事态的发展，通过盟军的"高级机密"情报系统所截获的日军电文，了解到日军的军队调动和备战情况。为了对付日军的进攻和统一盟军在东南亚的作战行动，丘吉尔首相于1943 年 8 月前往加拿大的魁北克，说服罗斯福总统成立东南亚盟军司令部，负责指挥缅甸、印度、泰国、新加坡、马来亚的对日作战。经丘吉尔大力举荐，原盟军联合作战部司令蒙巴顿被任命为东南亚盟军司令部司令，史迪威任他的副手。

时年 43 岁的蒙巴顿将军英俊潇洒，仪表堂堂。他是英国王室成员，曾祖母就是维多利亚女王。蒙巴顿于 1913 年进入英国皇家海军士官学校学习，从此与军队结下不解之缘，1934 年任"勇敢"号驱逐舰舰长，1939 年升任第 5 驱逐舰队司令兼任"凯利"号驱逐舰舰长，指挥舰队与德国潜艇交战，击沉、击伤德潜艇多艘。1941 年 5月 23 日，"凯利"号在地中海被德国飞机炸沉，蒙巴顿被另一艘军舰救起，幸免于难。就在来印度走马上任前，蒙巴顿还在法国西北海岸露了一手。8 月 19 日，他指挥 5000 名官兵在第厄普港进行试探性登陆进攻，为盟军制订大规模登陆计划和日后实施诺曼底登陆提供了宝贵的经验教训。当然，在德军的严密防守下，这种小规模的登陆不可能取得胜利，战斗中盟军损失 3336 人。

老资格的史迪威将军在年轻的蒙巴顿手下做事并无怨言，他对将要担任蒙巴顿的参谋长的魏德迈说："这个家伙还不错。我觉得他还正派，想干一点事情。"不过，史迪威一心想着发动缅北攻势，打通滇缅公路，蒙巴顿则主张沿孟加拉进军，尽快收复英国殖民地。11 月，中美英三国首脑在开罗会晤，决定在缅北发动进攻，而孟加拉湾方面的反攻因船只不足暂时延搁，但对英帕尔的防卫未加提及。

日军提前一步行动，于1943年10月派18师团会同56师团在云南怒江以西向中国守军发动进攻。当时中国军队主力驻扎在怒江以东，在西岸防守的只有第36师，兵力薄弱，但仍顽强抗击，奋战10余日，于下旬被迫退到江东。

打完这一仗后，第18师团回师缅北，还未停下来歇口气，史迪威已率领中国驻印军冲入缅西北野人山，与日军交上了火。从此，第18师团忙于应付中国驻印军，再也无力派兵增援进攻英帕尔的第15军主力。骄横的牟田口只想伸出双拳到处打人，不想犯下了兵力分散的大忌，对英帕尔战役的胜败产生了决定性影响。

日军在太平洋战场上已陷入困境，瓜达尔卡纳尔岛争夺战败局已定，整个战局开始发生逆转，盟军由守势开始转入反攻。为振奋士气，日军大本营决定孤注一掷，攻占英帕尔，在背后给盟军以沉重打击，分散盟军在太平洋方面的兵力。1944年1月7日，大本营向南方军总司令官寺内大将发出第1776号令："南方军总司令官为了防卫缅甸，得在适当时机，击溃敌军的防御，占据英帕尔附近印度东北部地区。"

寺内为打好这场关键之战，把南方军的老底子都拿出来了，把能调的属下部队都调往缅甸。霎时间，在泰缅之间的"死亡铁路"上，在宽阔无垠的安达曼海上，满载日军官兵和装备的车辆和船只匆匆驶往同一个目标，开始了日军入侵东南亚以来罕见的大规模军事调动和集结。

1943年上半年，以驻马来亚的独立第25旅团为主新编成的第31师团来得最早，那一年6—8月间该师团乘车或徒步从泰国进入缅甸，9 月到缅北集结完毕。第 15 师团是预定参加英帕尔战役的另一个主力师团，大老远地从中国南京调来，先到泰国作为南方军的预备队，11 月中旬奉命开入缅甸。由于盟军逐渐取得空中优势，加强空袭，"死亡铁路"运输时常中断，运量不足正常运输量的三分之一。所以第 15 师团许多部队被迫徒步翻山越岭穿越热带丛林，行动迟缓，使得牟田口不得不一再推迟发动英帕尔战役的时间。另外，刚从瓜达尔卡纳尔岛撤到菲律宾修整的第 2 师团也被火速由海上运到缅甸。南方军总司令部调整编制，将缅甸方面军所属的军由一个扩大为三个，其中牟田口的第 15 军下辖第 33、15、31 和 18 师团，实力最强。新设立的第 28 军由樱井省三中将任军司令官，军部设在南部的卑谬，下辖第 2、54、55 师团，负责缅南及孟加拉湾一带的作战。同时，为了对付从印度入缅的中国驻印军，南方军又新设立第 33 军编制，但人员未到位，拟将第 56 师团和第 18 师团划归该军指挥。这样，到 1944 年 2 月时，共有八个师团（其中第 15、2 师团还未全部到位）在缅甸集结。

鲍斯急着派兵随日军去"解放"印度，接管统治权，得到批准。但牟田口毫不客气地提出："鲍斯派兵可以，但派一个师就够了，而且必须听日方指挥。"鲍斯本来就是日本的傀儡，心里虽不愿意但也不敢反对，他知道要是那个性格暴躁的牟田口一不高兴，"八格牙鲁"骂将过来，事情就麻烦了。于是，牟田口的手下又多了印度国民军第 1 师，计 7000 余人。此时唯一使他感到心急的是第 15 师团迟迟不来。

经过进一步侦察，牟田口发现驻扎在印缅边境的英印第 14 军比预想的强大得多。第 14 军军长还是老对手斯利姆，虽然是缅甸战场上的败将，但去年年初的若开反攻令日本人吃惊不小，知道此人不是等闲之辈。此时斯利姆手上有三个军团，计九个师，兵员远多于日军第15军。临战之前，牟田口心里感到底气不足，英方是以逸代劳静候上门，日方则要长途跋涉，远离后方基地，加上兵力对比居劣势，该如何是好？经过与方面军司令官河边正三商议，生出一计，决定先从南面的孟加拉湾一带下手，发动"哈"号作战，将英印军主力吸引过来，然后乘虚而入直捣英帕尔。牟田口从仰光的方面军司令部透过茂密的椰子叶遥望西天：斯利姆，这回一定要你真正领教我牟田口的厉害。

1944年2月4日，沉寂许久的孟加拉湾北岸骤然响起密集的炮击声，第二次若开战役打响了，由此而揭开了英帕尔战役的序幕。日军第28军第55师团向隶属于第14军第15军团的英印第7师发起猛烈进攻，企图一举吃掉该师，继而消灭孟都附近的英印第5师。虽然前一年的若开战役中第55师团发现英印军并非不堪一击，但仍狂傲自大，犯了轻敌的兵家大忌，而且，离边界不远处驻有英印军后援部队，随时可以投入战斗。

不过，借着不顾一切的拼命精神，日军在战役开始时也占了点便宜。第55师团的突击队由旅团长樱井德太郎少将率领的步兵五个大队和炮兵一个大队所组成，共约3500名官兵。当天，这支部队就突破英印军前沿阵地，第二天先攻下通巴札，接着向西横渡梅宇河冲进重镇辛遮瓦，捣毁了英印第7师师部，成功地实现了中心突破。第55师团其他部队向周围迂回，一举将英印第7师的三个旅和第5师的一个旅围困在辛遮瓦盆地。

斯利姆军长从容指挥，令被围部队运用装备优势固守，派出占

1944年英帕尔战役中，英军3英寸迫击炮部队在用炮火援英印军第17师的作战行动

优势的空军对日军地面部队发动空袭，并空投补给给被围部队。这种立体战术立刻见效。

被围困的英印军将百余辆坦克和千余辆汽车排列起来构成立体防线，大炮布置在防线后面，由坦克和大炮的炮火组成密不透风的火力网。阵地前沿和各阵地之间则由步兵用机关枪、迫击炮和火焰喷射器加以封锁，天空中还有盟军飞机的火力支援。

日军第 55 师团装备较差，只有为数不多的山炮，射程短，火力弱。日军炮兵一炮打过去，就会招来雨点般的重炮弹的回击，顿时人伤炮毁，吓得日军炮兵都不敢开炮，要么胡乱打上一两发炮弹，拖上炮就跑。日本飞机更是难见踪影。由于太平洋战场上日本陆海军的飞机损失惨重，缅甸日军的大部分战斗机、轰炸机被调往太平洋战场，此时驻缅第 5 飞行师团总共只有 39 架飞机，然仅在印度一地，盟军的各式军用飞机已超过 1000 架。日军飞机只要升空，便很少能飞回来。

这样一来，日军步兵可惨了。远远的还没照英印军的面，一群群涂有红蓝圈或蓝底白星标志的英美飞机就擦着树梢飞来，一顿炸弹加上机枪扫射，攻击部队被杀得人仰马翻、队形混乱，再往前就进入了盟军大炮坦克的射程，一股股向前冲锋的日军士兵仿佛成了活靶子，一排炮弹打来，血肉横飞，惨不忍睹。有侥幸活着的也挨不着英印军防线的边，一通轻重机枪、火焰喷射器猛烈扫射和喷射，哪里是日军三八式步枪能应付得了的！几天打下来，盟军防线巍然屹立，阵地前满是日军尸体。日军指挥官面对英印军的这一新阵式茫然不知所措。

斯利姆不失时机地调动军队，加派英印第 26 师、英军第 36 师和西非第 81 师星夜兼程，开赴若开前线。日军第 55 师团只顾围攻，对英国援军的到来毫无察觉。等到发觉周围情况不对头时，已陷入反包围中。

日军拼命死战，于 2 月 26 日方才突围逃脱，人员装备损失极为惨重。英军并不肯就此罢手，展开追击，扩大战果，于 3 月 10 日攻占辛遮瓦西南约 20 公里处的布帝洞，4 月又拿下重镇恰库特。

这次若开战役以日军的失败而告一段落，河边和牟田口意在发动此战牵制英军主力，声南击北，但只吸引了共五个师的英军兵力，第 14 军主力仍在英帕尔一带按兵不动，而第 55 师团大伤元气，日军的南部防线遭到削弱。

恼羞成怒的牟田口决心要在英帕尔出口恶气，狠狠收拾一下斯利姆。但就在第 15 军整装待发之前，缅北传来英军空降部队发动突袭的消息。日军第 5 飞行师团派飞机冒险侦察，发现空降部队有好几个旅的兵力，而且从列多出发的中国驻印军边打边向前推进，缅北局势对日军十分不利。因此，第 5 飞行师团提出放弃英帕尔战役，遭到河边和牟田口的断然拒绝，箭在弦上，岂有不发之理！

牟田口一声令下，第 15 军 3 个师团及印度国民军第 1 师共 15 万余人兵分南北两路向英帕尔进发。按照预定计划，南路的第 33 师团于 3 月 8 日从加里瓦附近集结地首先出动，印度国民军在其右翼并肩前进。作为北路第 15 军主力的第 15、31 师团在 3 月 15 日于唐都—塔曼提一线同时向西突进。

行前，缅甸方面军曾打算加强参战的三个师团的兵力，预定增兵为原编制的 60%，但由于缅西南、缅北战事紧张，实际仅增兵 20%，兵力显得不足。更大的一个隐患是第 15 军长途奔袭，徒步穿越缅印边境的密林山地，体力消耗大，补给困难，官兵的弹药和口粮仅靠随身携带，口粮仅够 20 天所需。显然，日军企图速战速决，在打下英帕尔后在当地解决补给，但在如此重大的战役中，不多做几手准备，不充分考虑进攻受挫或战事拖延可能造成的影响，实为失策之举。

果然，先行的第 33 师团还没出缅甸，就在通赞和铁定附近，遇上了行进中的英印第 17 师。这是一场不期而遇的遭遇战，在密林中行进的日军居高临下，首先发现了英印军的车队，因而掌握了战斗的主动权。

那是在 3 月 18 日清晨，沿林中小道向北推进的第 33 师团官兵突然听到山下传来隆隆马达声，探头一看，哇，长长的车队一眼望不到头，有大卡车、坦克车、装甲车和吉普车。英印军官兵坐在车上吹着口哨，嬉笑着逗乐，反正有空军弟兄们在天上转悠保驾，日军哪怕在几百里路以外露面也会看得一清二楚，就等着回英帕尔痛痛快快地享乐一番吧。他们完全没有想到，日军在密林中隐蔽前进，躲过了盟军的空中侦察，现在已骑在自己的头顶上了。

柳田师团长立即命令包围英印第 17 师，迅速将其歼灭，不能走漏消息，以免暴露己方，从而确保突击奇袭英帕尔作战的胜利。他命令作战参谋拿过地图仔细查看一番之后，指着通赞东北侧的吐特姆命令道：第 214 联队立即进占该地，切断敌军首尾联系，分割围剿。

吐特姆是个无名小镇，没几户人家。英印第 17 师的先头部队已通过该地，后续车队还没有过来，所以日军第 214 联队开进该镇时连一个英印军的士兵都未见到。联队长以为英印军又向北逃窜，便放弃了该镇。等到发现错误时，为时已晚，英印军主力重占该镇，布下道道防线，第214联队屡攻不克。

得知第17师被围的消息后，斯利姆命令隶属第4军团的第23师第37旅前去解救。第37旅是第14军的精锐部队，装备了最新式的坦克，战斗力很强。当天，第37旅就与日军交上了火，第17师则拼命向北突围，夹攻第33师团的左翼旅团。

英印军武器精良，在火力上占优势，但这里不比若开平原，狭窄的山道上火力施展不开，而日军可凭借山丘和密林，顽强抵抗，激战6日，仍把第17师牢牢地困于包围圈中。

想不到，左翼旅团发出的一份电报使柳田做出错误判断，帮了英印军的大忙。这份电报说："已销毁密码本，处理了军旗，以全军牺牲的决心奋斗。"柳田以为这个旅团"决心全军覆没"，于是他于3月24日下令该旅团撤退，以免被英印军全部吃掉。大门一开，包围圈中的第17师立刻鱼贯而出，撤往英帕尔，已落入网中的这么一条大鱼就这么跑掉了。牟田口得到报告十分恼火，命调查左翼旅团的损失情况，结果表明，该旅团仅伤亡约15%。这使牟田口更加气愤不已。

哪知那位柳田并不识相，不仅不率军追击败敌，反而以补给不济为由于3月27日向牟田口提出一项根本不可能被接受的建议："立即停止'乌'号作战，转入防御态势为宜。"此时，第15军的另外两个师团已渡过亲敦江，离英帕尔已相去不远，牟田口当即电令柳田立即出发，按原定作战计划行事。考虑到柳田的面子，虽然他在通赞作战中屡屡出错，但牟田口并没有严加训斥。

偏偏柳田就不领这个情，依旧按兵不动，只是在军司令官多次

英军东南亚战场司令斯利姆

电令下，方才在十天后启程，仍走走停停，唯恐落入英印军的陷阱，延误了向英帕尔守军发动突袭的时机，使日军的突袭战术流产，这对兵力上处于劣势的日军是一个十分不妙的打击。

再说北路的军主力部队，由于在空陆两方面未遇阻击，进军迅速。在两个师团中，第 31 师团是满员师团，第 15 师团抽出一个大队去扫荡缅北的英国空降部队，还有部分部队没有到位，实际上只有半个师团的兵力。鲍斯的士兵长驱直入，踏上久别的印度领土，纷纷跪下来亲吻祖国的土地，高喊"印度胜利！印度胜利!"，直向英帕尔开去。

威廉·斯利姆在英军指挥官中是一位十分干练的将领，他通过无线电监视截获的日军电报和空军的侦察，对日军的行踪了解得一清二楚。若在山区阻击日军，难以发挥坦克、大炮的威力，近距离对抗和肉搏又斗不过日本人，不如将他们放入英帕尔一带平原，再收拾这些东洋鬼子。

但是，当发现日军的两个主力师团直扑英帕尔以北的科希马时，斯利姆不禁大吃一惊，连忙调兵，匆忙之中只派去了两个营。第 31 师团和第 15 师团部分部队于 4 月 7 日分别开到科希马附近。但南部的第 33 师团还在路上磨蹭，迟至 4 月 10 日才开到英帕尔以南 50 公里处的杜尔奔，致使日军未能同时对科希马和英帕尔两城发起强大攻势，贻误了战机。

英军驻守英帕尔的是第 14 军属下第 4 军团的三个师（第 17、20、23 师）。在英帕尔背后的阿萨姆铁路一带部署了该军第 33 军团，作为二线部队，随时准备增援。第 14 军的第 15 军团负责若开方面作战，未参加英帕尔战役。因此从参战的一二线兵力对比看，日军有三个师团和一个印度国民军的师，英军为两个军团共五个师，实力相差不大，但英军调动援军容易，补给充足，占有空中优势，因此胜利的天平倾向英军一方。不过，战役的胜负不仅仅取决于力量的对比，指挥官的战术运用、士兵的士气也都是很重要的因素。这场战役对于日军来说，唯有速战速决方有取胜可能，否则像在瓜达尔卡纳尔岛之战那样拼消耗，那将必败无疑。

第31师团和第15师团的部队迅速把科希马这座山区小镇围得水泄不通，先用密集的炮火将它猛轰一气，接着，端着三八大盖的步兵像潮水似的向前涌去。守城的数百名英国和印度官兵面对强敌，临危不惧，利用有利的地形，居高临下，以一当十甚至以一当百，居然打得日军损兵折将、止步不前。

担任攻打科希马总指挥的是日军第31师团师团长佐藤幸德中将，性格倔强，喜欢自以为是，即使对上级的命令也要按照他本人的好恶决定是否执行，况且他的顶头上司牟田口本来也是平起平坐的师团长，军衔都是中将。尤其使佐藤不服气的是牟田口的防区被温盖特搞得焦头烂额，整整几个月对他无可奈何，对缅甸战局造成十分不利的影响，而他牟田口不仅未受处分，反而升职，这是哪家的道理？因此，当牟田口下令分兵夺取科希马西北的英军后勤补给中心迪马普尔时，佐藤置之不理。

但是，科希马屡攻不下，也使佐藤十分恼火，他原想守军坚持不了几天，因为没法得到弹药和食品。但英军飞机每天飞临科希马上空，不是向日军投弹扫射，就是给镇里的英印军空投补给，弄得佐藤既打不下，也困不死。

科希马的地势帮了守城的英军西肯特步枪旅的一个营和英印军

阿萨姆军的一个营官兵们的大忙。该镇位于海拔5000英尺的高处，通过该镇的道路崎岖难行，好走的只有南北各一条进出公路，但都被守军炮火严密封锁。日军人马虽多，但施展不开，只有发动小规模的进攻，每次不过百十人，结果一次次地被守军击退。

守城部队知道唯有拼死抵抗才有生路，而且在印度土地上作战，四周都有自己的部队，援军一到，自己就有救了。但是，双方实力毕竟差殊过大，4月18日，镇外的一座俯瞰守军阵地的山岭陷落。日军支起山炮对准镇里猛轰。英印军在废墟中坚守阵地，决心誓死守住科希马。但日军层层推进，眼看小镇就要落入敌手。就在这危急关头，以英印军第161团为先导的第33军团赶到科希马，挽救了镇上的守军。这数百名英印军官兵死守科希马达12天之久，为扭转战局赢得了宝贵的时间，创造了战争史上又一个以少抗多的成功范例。

援军为何姗姗来迟？这并不是斯利姆优柔寡断、见死不救，而是他更担心迪马普尔的安危。迪马普尔位于阿萨姆铁路线上，是史迪威在缅北前线的战略补给线，还是英军在印度东部的弹药、食品存储地和转运中心。这个城镇如果失守，整个东部前线的补给就会中断，东南亚战区的盟军攻势也许会因此而受挫。因此，第33军团的第2师和第7师开到迪马普尔后便止步不前，准备迎击来犯日军。

牟田口看到这步险棋，派第31师团绕开科希马直扑迪马普尔。谁知道佐藤不服他的调遣，按兵不动。牟田口一气之下，跑到仰光去找河边正三告状。

河边正三正为英帕尔战事进展不利而感到烦躁不安，东南亚战局能否扭转全靠这一仗了，那个自我感觉甚好的牟田口看来只会说大话，打起仗来全无日本皇军的作风。正想着，忽听来人报告牟田口军司令官求见，河边不知又要出什么麻烦事，立刻吩咐让牟田口进来。

话音刚落，牟田口就大步走进司令办公室，向河边报告了佐藤不听调遣的经过。河边听说牟田口要攻打迪马普尔，立刻气不打一处来：要你拿下英帕尔和科希马，结果英帕尔前线只有鲍斯的印度士兵在那里打打停停拼消耗，第33师团进军缓慢，而科希马区区数百守军，第31师团外加第15师团一部分更是对付不了，到现在还没有拿下来，这会儿又丢下主攻目标不管擅作主张要去打迪马普尔，简直是异想天开、目无军纪！于是河边板着脸断然宣布："那个地方不在第15军的战略目标范围之内。"牟田口大声反驳："拿下迪马普尔，英军断了补给，必不战自退，英帕尔、科希马均唾手可得。"河边说："那斯利姆的第33军团是吃素的？不要跳进英军的陷阱。"说罢，命令牟田口撤销攻打迪马普尔的命令，日军扭转战局的良机就此消失了。

英军第33军团在迪马普尔干等了十几天也不见日本人的影子，这才向东进发，先解了科希马之围，展开对日军第31师团的攻击。同时分兵沿公路南下，以打通去英帕尔的陆上通道。

科希马围攻战的结束标志着日军又一次主要攻势受挫，主要战场南移至英帕尔。在这里，除了鲍斯的部队做一些试探性进攻外，交战双方并没有激烈交火。鲍斯等得实在不耐烦了，不断派人跑到公路上去打探，就是见不到日军大部队开来。此时英军援军未到，城里守军并不多，而且印度国民军的先头部队已挺进到城边。鲍斯急忙给牟田口发去一电，称城内英军兵力单薄，印度国民军离城

"只有一箭之遥"，请日军迅速开来，拿下英帕尔当不成问题。为了行使他的"政府"的统治权，鲍斯这次带来了大量新钞票准备发行。

牟田口何尝不急，眼看已到 5 月份，日军几乎一无所获，尤其是那几个师团长令他头疼。第 31 师团的佐藤向来不把自己放在眼里，现在令他派主力攻打英帕尔，竟又一次说"不"，还下令让部队准备返回缅甸，说他曾得到过口头允诺，如果到 4 月中旬仍得不到粮食和弹药的补充就可以撤退。第 15 师团的山内师团长倒是克尽职守，无奈疾病缠身，无法带兵打仗，再说第 15 师团只去了一半兵力，还陷在科希马至英帕尔公路沿线负责阻击南下的英军，腾不出人马来支援英帕尔的战斗。而令牟田口最不能容忍的是第 33 师团的柳田中将，这家伙一路上磨磨蹭蹭，到了杜尔奔后进入平原地区，以英军突袭频繁为由，行动更加缓慢，第 33 师团参谋长也与柳田发生激烈冲突，指责他保守。军司令部多次去电斥责，反而引来柳田的反驳。一气之下，牟田口撤了柳田的职，另任命田中信男少将为33 师团的新师团长。

在英帕尔城下的鲍斯听说此事，感到事情又有指望了，但日军的一道指令使他再也忍受不了。这道指令要他在天皇寿辰那天发表广播演说，将英帕尔作为寿礼献给天皇。鲍斯开始对日本人持有戒心了，原来这帮东洋人是想借自己之手把印度夺走。于是，他公开表示，日军的入侵只会把印度人推向英国一方。

这些争论和冲突给斯利姆将军带来了赢得胜利的宝贵时间。第 4 军团负责守卫英帕尔，各部队在交通要道设防阻止日军，空军发挥巨大威力，不分白天黑夜出击，轰炸扫射日军进攻部队，迫使日军在白天停止军事行动，不敢生火做饭，甚至连晾晒一件衣服也不敢。

同时，英国空军把第5师空运到英帕尔前线，并保证前线食品和弹药的供给，战役每拖延一天就越对英军有利。日军又重蹈瓜达尔卡纳尔的覆辙，在后方补给几乎无望的情况下与敌人拼起了消耗。

5月中旬，牟田口决定孤注一掷，不顾第31、15师团被英军分割、拖住挨打，把增援部队共两个步兵大队调往第33师团，将主攻方向完全集中在英帕尔南侧第33师团的前线。牟田口本人也从缅甸赶来，亲自指挥战斗，长达40天的攻坚战开始了，交战的双方是英印军第5师和日军的第33师团。

对于第33师团的士兵们来说，这仗可太难打了，与一年前的情况相比，正好与英军换了个位置，甚至不如英军那时的处境。不管怎么说，英军那会儿还有吃有喝，枪炮子弹从未断过档。而日本军队从离开缅甸以来，就没有得到任何补给，山炮炮弹所剩无几，炮兵守着那几发炮弹，装上膛左瞄右瞄也不敢拉炮栓，说要等到最需要用的时候再用。步兵手中的三八式步枪虽说不像美国兵的冲锋枪那么吃子弹，但总是打一发少一发，而且最后一发按规定是要给自己用的。最要命的是能打仗的人越来越少，算上那些勉强挪得动步的轻伤员，至多只能保持50%的战斗力。

牟田口对这些情况都很清楚，他的军司令部每天都收到前方师团请发弹药粮食和请求飞机支援的急电。他乘飞机来到第33师团后，向田中信男师团长和其他幕僚了解了作战情况，就徒步来到前线，站在一个小土丘上用望远镜向英帕尔眺望。这里离英帕尔市区只有约20公里，在高倍军用望远镜里，城里寺院的尖塔清晰可见。再往近处看，只见英军大炮阵地比比皆是，坦克、装甲车穿梭其间，所有道路和田野上工事密布。就在几百英尺之外的英军工事前，阵亡日军官兵的尸体横七竖八，随风飘来一阵阵恶臭。牟田口气得七窍生烟，一句"八格牙鲁"刚骂出口，只听空中传来刺耳的呼啸声，田中师团长急喊"卧倒"，紧接着一排机枪子弹扫将过来，两个卫兵应声倒地，牟田口不愧是身经百战，就地一滚让开了子弹，翻滚到山丘下的小沟里。往空中一看，原来是一群英军战斗机和轰炸机来前线"例行公事"。机群兜了个弯又飞回来，轰炸机的机腹中掉出一串串炸弹。"轰！轰！"几声巨响，大地猛烈颤抖，泥土和血肉一齐飞向天空。等到机声远去、硝烟散尽，牟田口才从沟里探起身来，发现刚才站立的土丘已不见踪影，几个深深的弹坑里渗出的水与人的躯体中流出的鲜血混在一起。

看来白天进攻已不可行，只有夜里再干。当晚，牟田口调来新到的第53师团两个步兵大队，命令山炮部队不惜弹药，提供炮火掩护，还把第33师团仅剩的几辆坦克也开过来，准备好好教训一下英国人，就不信拿不下英帕尔。

半夜时分，山炮吐出一道道火舌，炮弹拖着闪光的尾巴飞向英军工事。步兵还未等炮火停息就在大队长率领下发起冲锋。这时，英军炮兵开始猛烈还击，日军山炮阵地顿时成为一片火海，炮兵死伤惨重，四下逃窜，山炮也大都被击毁。冲锋中的步兵刚接近英军防线，英军就向空中发射照明弹，把阵地前沿照得亮如白昼。数千名日军士兵全暴露在英军的火力之下，一排排的士兵倒了下去。英军的坦克开了过来，冲进日军人群中连压带轰，如入无人之境。就这样，日军的一次次冲锋被打退了。

牟田口不肯轻易罢手，连续发动自杀性攻击，各联队长、大队长相继阵亡，而战线始终未能向前推进一步。到5月底时，各大队的兵力已减到几十名。第 33 师团的攻势已告失败。

日军最高层密切注视着英帕尔的战事，派出陆军参谋次长秦畑彦三郎去缅甸前线视察。他亲眼见到衣衫褴褛的士兵们在田边挖野菜、抢农民田里长着的旱稻充饥。山炮大都被击毁，剩下的几门也没炮弹，形同废铁。回到东京后，他向东条提出了令人沮丧的报告："帝国作战行动成功的可能性甚微。"东条听后大为不满，严厉斥责秦畑彦三郎是在散布失败主义，不同意停止作战。

6 月初，河边正三方面军司令官也带病到英帕尔前线视察。归途中到东枝会见已回到缅甸的牟田口，两人对战局做了深入的分析，认为前景虽不容乐观，但仍有必要再尽最后一次努力。于是，将新增援缅甸战场的第 4 师团的第 61 步兵联队派往前线。

6 月 5 日，牟田口听到第 31 师团开始撤退的消息，大吃一惊。如果这个师团后撤，科希马至英帕尔的大门就敞开了，必将造成全军崩溃。牟田口去电要求佐藤坚守前线。佐藤以不忍全师团将士束手待毙为由，亲自率领师团主力，抬着 1500 名伤病员退却，只留下宫崎少将率一个支队在公路沿线抵挡英军的进攻。而且，第 31 师团擅自撤退，连第 15 师团都没有通报，造成很大被动。第二天，英军消灭了科希马周围的日军残余部队，向南方压来。

气急败坏的牟田口虽然心里明白这一仗是打不赢了，但对佐藤一再抗命的举动再也无法忍受，在请示河边司令官后，将佐藤罢免，任命河内槌太郎中将继任第 31 师团长。另鉴于第 15 师团长山内病重，只得换人，改由柴田卯一中将取代之。至此，参加英帕尔战役的所有 3 个师团的师团长都被撤换，这也是日军战史上前所未有的。

但是，日军的败势是无可挽回了。6 月 22 日，英军第 33 军团终于打通了科希马至英帕尔的公路，与城内的第 4 军团会合。宫崎支队大部分被歼，第 15 师团受重创，腹背受敌，各部队纷纷败退。南翼的第 33 师团的攻击仍无任何进展，面临着随时被英军反攻击溃的危险。

为避免全军覆没，牟田口于 6 月 25 日向河边提交报告，称"如果停止进攻转入防御时，根据我军现状，认为退到从印缅国境线上的亲敦江西岸高地经莫莱西北高地至铁定一线，较为合适"。

河边月初到过前线，知道这场战役是打不下去了，但他无权停止作战，因此复电牟田口："当目前南方军总司令部尚无任何命令时，你军提出如此消极意见，实感意外，仍应一心为完成我军任务向前迈进。"另一方面，他又向寺内元帅陈述战局实情，请求停止"乌"号作战。南方军和大本营已被太平洋的美军攻势弄得焦头烂额，立刻批准了这一请求。但由于耽搁，停止"乌"号作战的命令迟至 7 月 10 日才传达到第 15 军，日军开始了总撤退。这样，从 3 月 8 日第 33 师团出征开始，历时四个月两天的英帕尔战役，以日军失败而告结束。

但是，日军的灾难并没有结束，自 5 月份进入雨季后，印缅之间的山路泥泞崩塌，所有车辆都不能通行，驮牛驮马不是累死战死就是被士兵们充饥填了肚子，所有重武器只能扔掉。官兵们长期连续作战，补给断绝，早已累得不成样子，要走完这几百公里山路真似难于上青天。老天有眼，一年前中英印军队撤退时受到的种种磨难现在都落到了日军头上，这也是一种报应吧。

英军约七个师兵力在后面追击，大有将三个师团的日军全歼于亲敦江以西的架势，这一来，逃命的日军官兵更是不顾一切地向东撤去，沿路到处是扔掉的机炮、步枪、钢盔、防毒面具，还有当官的扔掉的军刀和望远镜。为了抢一点食物，官兵们斗殴拼命，军纪全无。最惨的是伤病员，本来在撤退前不能行走的人都自杀了，而那些能走的伤兵很快落到大部队后面，没有人管他们，没有食物也没有药品，又害怕被英印军追上被俘，便三五个人一群，向家乡方向拜过之后，抱在一起用手榴弹自杀。还有那些手无寸铁的士兵们就更惨了，倒在泥潭中任凭风雨吹打和蚊虫蚂蟥叮咬，直到断气为止。在横渡亲敦江时，汹涌上涨的江水又淹死了好几百人。迟至9月下旬，各师团才先后撤回到出发时的营地，总共死去65000人，是瓜达尔卡纳尔死亡人数的两倍半。三个师团加上鲍斯的一个师只有约五万官兵生还，其中一半人患病在身。第15军完全丧失了战斗力。

日军大本营方面对这场战役的失败感到失望，把缅甸方面军的有关指挥官全部撤换。牟田口在不久前撤了手下的3个师团长，现在轮到他自己头上了。大本营将他本人、参谋长连同所有参谋人员统统一锅端，改由片村四八中将任军司令官、吉田权八少将任军参谋长，第15军所属3个师团的参谋长也全被撤换。河边和他的参谋长也丢了官，改由木村兵太郎中将任缅甸方面军司令官、田中新一中将任方面军参谋长。

英帕尔战役如同苏德战场的斯大林格勒战役一样，使东南亚战局发生了根本性逆转。盟军方面转入全面反攻，日军则开始败退。日本人在缅甸及整个东南亚的统治到了崩溃的边缘。

正当英印军队在英帕尔与敌血战的同时，中国军队在缅北和云南向日军发起了"X＋Y"攻势，为消灭侵占缅甸的日军起了巨大的作用。

十

"X + Y" 攻势

1943 年 11 月 23 日上午，埃及首都开罗的梅纳饭店周围岗哨林立，戒备森严。在这座很不起眼的蓝灰色两层楼房里，盟国三巨头罗斯福、丘吉尔和蒋介石就要举行首脑会议，商讨对日作战问题，第一项议题就是缅甸战场的作战计划。

上午 11 时 10 分，会议正式开始。会议主席罗斯福语气沉稳地宣布："在今天的会议上，主要讨论美、英、中三国共同关心的事情，我指的是东南亚战场，主要是缅甸作战的局势。"接着在征得英中两国首脑同意后，他请东南亚战区司令蒙巴顿海军上将宣读作战计划草案：

北路的中国远征军 X 部队自 1944 年 1 月起经野人山反攻缅甸北部，中国远征军 Y 部队于 3 月出龙陵、腾冲，打入缅甸，东西夹攻；其中 X 部队预定在 3 月攻下密支那与英军会师，4 月攻下卡萨与 Y 部队会师；中路的英印军第 4 军团于 1 月从英帕尔出发，进至亲敦江西岸，相机渡江直扑密支那；南路英印军第 15 军团也于 1 月向前推进，近期目标是拿下若开港。

这个草案又经过盟军联合参谋长会议的进一步加工，获准予以执行。蒋介石对丘吉尔出尔反尔，不愿出兵横渡孟加拉湾进行两栖作战耿耿于怀，便压住 Y 部队不发。但 X 部队远在印度，史迪威也未必听自己的，便丢下一句话："那是史迪威指挥的部队，他认为怎样合适就怎样办。只要不为英国人的利益牺牲这支部队就行。"

其实，蒙巴顿的纸上谈兵已落后于战局的实际进展。在他从他那漂亮的公文包中取出那份作战计划草案之前，史迪威指挥的中国远征军 X 部队已在缅北向日军发起了反攻。隆隆炮声重又震撼着缅北野人山麓，这是复仇的炮声，向日军讨还血债的日子到来了。

X 部队的主力新编第 38 师和新编第 22 师经过兰姆加训练后，丛林战术大有长进，官兵们个个身强体壮，士气高昂。装备全是美军用的最新式武器，真可谓鸟枪换炮了。

中国军队要对付的是日军第 18 师团，这支部队对中国人民和亚洲其他国家人民犯下了滔天大罪。其前身是米久留师团。1932 年侵入上海，挑起"一·二八"淞沪之战，烧杀劫掠，无恶不作。1937 年 11 月再次入侵中国，参与南京大屠杀，血债累累。此后又经海路南下占广州、陷南宁。日军入侵东南亚时，该师团又参加马来亚、新加坡作战。得逞后转来缅甸，从缅南一路打到缅北。为表彰其侵略有功，师团长牟田口被擢升为第 15 军司令官。

1943 年 3 月接任第 18 师团师团长的田中新一中将，是日军大本营的核心人物之一，原任大本营作战部部长。此人老谋深算，以精于战略战术而闻名。到任后，田中乘飞机考察野人山，将防线推进到印缅边境的新平洋以西，各山口要道均设兵把守。此部署乃以守为攻，利用野人山天险，发挥己方山地作战之长，抑中国远征军装备精良之优势，化被动为主动。只是兵力太少，中国远征军先头部队就有两个整师，后续部队还有三个师，另有美英特种部队助阵，实力悬殊太大。大敌当前，唯有拼命死战，至于能否打胜只能听天由命了。

1943 年 10 月 10 日，史迪威将军下令，新编第 38 师各部投入战前准备，列多的军营里响彻重新填词的中国远征军战歌：

> 枪，在我们肩上，
> 血，在我们胸膛。
> 杀回缅甸去，
> 报我民族大仇。
> ⋯⋯

10 月 24 日，新 38 师以第 114 团为先导，分三路开始进入野人山区。中国远征军 X 部队的首先目标是消灭亲敦江上游以西地区的日军，拔除据点，为下一步反攻铺平道路。

从印缅边境向东的几十公里山区是缓冲地带，曾有为数不多的英军驻防。第 114 团一路顺利，来到新平洋以西的一个隘口，英国人称这为 Hell Gate，就是"地狱之门"的意思。隘口两侧耸立着陡峭的高山，攀越极为困难。尤其是那光滑如镜的石壁，连猿猴也不敢往上爬。田中新一对这里的天险极为赞赏，指示守军："如敌军来攻，应求得将战场置于印缅国境隘路口附近，以急袭一举歼灭之。"

要冲破这个隘口，不能强攻。团长李鸿派侦察兵对隘口及周围地形和日军设防情况做了细致的侦察，发现隘口后面有 12 座设防山头，便决定挑选其中一个靠中央的"子"字山头下手，实行中央掏空，再击四周。

要打胜这一仗，关键是要有进攻的突然性。因此，必须先派部队翻过隘口旁的高山，潜伏在日军阵地前，到预定的时间再发起进攻。

要是在一年以前，这样的计划肯定行不通。别的不说，这样的山恐怕就没有几个人能爬过去。可现在，它难不倒中国远征军 X 部队的官兵了，在兰姆加练的就是这一招。

担负主攻任务的两个加强连官兵分小批登崖越涧，花了两个整夜的时间才在"子"字山头下集结完毕。伏在灌木丛中，上面的动静听得清清楚楚。看样子，日本兵对 X 部队的到来毫无察觉，一点也没有临战的气氛。

天亮后不久，紧靠隘口两侧的山头上突然升起股股浓烟，随即响起震耳欲聋的爆炸声，X 部队的炮兵发言了。"子"字山头上的日军听到枪声急忙钻入工事。过了一会儿，没见炮往这边打，就又纷纷从工事里爬出来伸长脖子往前面张望。约莫过了一袋烟的工夫，X部队的炮兵突然抬高炮口，对准"子"字号山头猛轰。这回轰了日军一个措手不及，炮弹爆炸处，日本兵连同工事一起被抛向空中。待炮火转向其他山头时，潜伏部队官兵一跃而起，杀上日军阵地。没炸死的日本兵都钻进洞里，死也不出来。对付这种情况的最好方法是用火焰喷射器，一喷一个准。洞里的日本兵不是被消灭，就是从另一洞口逃出来被击毙或被活捉。到下午，"子"字号山头的日军全部被肃清，活捉 16 人，包括 1 名军妓，击毙 90 余人。初战得手，第 114 团官兵再接再厉，内外夹攻，用了不到十天时间，攻下了其余 11 座山头，冲破了所谓的"地狱之门"，将守门者送入地狱。

新 38 师各部队通过隘口，迅速攻占大家铺、新平洋等地，并在新 30 师的支援下打退了日军的反扑，至 12 月中旬攻占亲敦江以西的所有日军据点，取得了首场战役的胜利。

反攻部队在前面打，工兵部队随后跟上，赶筑一条从列多通往云南的公路。这条中印公路比原先的滇缅公路更靠北，其中多数路段要穿越缅北的野人山等山区，工程十分艰巨。中国远征军的工兵第 10、12 团和 6000 多名美军工兵组成了筑路大军的先锋，还有好几万名来自印度、尼泊尔的民工也投入筑路大军。美军的现代化筑路机械大大加快了施工速度。到 1944 年元旦，公路已修到了新平洋前线，X 部队的官兵们乘着汽车快速部署到指定的进攻位置，既快又省力。史迪威将军和 X 部队的两位师长孙立人将军和廖耀湘将军也乘车到达新平洋。

X 部队的官兵把史迪威称为"乔大叔"，这其中包含了对这位老将军的敬意和亲昵。乔大叔此时的心情很好，他把孙、廖二位师长请进他的总指挥部，以十分轻松而幽默的口气交代了下一步任务："18 师团是一群耗子，全进洞了。在缅北起码有三个大洞，第一个在胡康河谷的孟关和瓦鲁班一带，第二个在孟拱河谷，第三个在密支那。我们只能一个洞一个洞地掏。"说着，他转过身来，指着地图上的一个黑点说："第一个目标，拿下孟关。"为此，他命孙、廖二人各率新 38 师和新 22 师，分左右两路直插孟关。

左路新 38 师率先出发，沿路连战连捷，共拔掉日军 30 多个外围据点，到 2 月下旬，该师已按预定计划插入孟关侧后的瓦鲁班一带，切断了孟关守敌的退路。

右路的新 22 师也毫不逊色，1 月 9 日渡过大奈河，23 日在百贼河南岸围歼日军 200 余人。31 日攻占大洛。2 月 11 日翻过宛托克山，突入胡康河谷，从正面堵住了驻守孟关的日军。至 2 月下旬，扫除了外围据点。

不过，西方的新闻媒介很少提到 X 部队，倒是经常提及另一支由 3000 名美国志愿兵组成的部队。它在美国陆军部里的番号是 5307 混合部队，记起来麻烦，读起来拗口，听起来像"洛杉矶的街名一样令人讨厌"。所以，官兵们以部队的指挥官弗兰克·梅里尔准将的名字称自己这支部队为"梅里尔的抢劫者"。这支部队里有不少是参加过所罗门群岛战役或新几内亚战役的老兵，而且所有官兵还与温盖特的游击部队一起进行过为期三个月的丛林战训练。2 月底，这支部队率先从列多出发，在中国远征军 X 部队之前进行穿插，前往 250 公里以外的英都，切断日军的铁路和公路补给线。3 月 1 日，梅里尔的部队在瓦鲁班附近被日军发现，遭到攻击，身不由己地卷入孟关—瓦鲁班战役（胡康河谷战役）。

胡康河谷位于缅甸西北部，由新平洋盆地和打洛盆地组成，为缅甸西北进入缅甸内地的必经之地，战略位置十分重要。孟关和瓦鲁班就在盆地的中央，如同扼守这条战略通道的两座大门，田中新一把 18 师团的一些主力部队放在这里，就是这个道理，而且他本人亲自坐镇指挥。两座城镇周围修筑了坚固的防御工事，火炮配置比例是缅甸各师团中最高的，步兵与炮兵比例达到 3 : 2。

X 部队派出侦察兵扮成缅甸老乡，混入城内，摸清驻守的日军是第 55 联队、炮兵第 18 联队和第 114 联队一部，共约 7 个大队的兵力，弹药充足，但官兵士气不高，厌战情绪浓厚。

3 月 1 日，新 22 师从正面对孟关发起总攻，第 64、65、66 团兵分三路直扑日军阵地。城东的开阔地是主攻方向，廖耀湘特地把赵振宇上校手下的 20 辆坦克放在这里。

这些最新式的美式坦克在阵地前一出现，就把日本兵吓坏了，他们弄不清楚中国军队是怎样把这些庞大的铁家伙弄过野人山的。还没反应过来，坦克已冲到跟前，后面紧跟着中国士兵。一阵冲杀，只打得日本兵丢盔弃甲，争相逃命。几天打下来，田中新一明白今天的中国远征军已不是昔日的远征军，在这里硬碰硬打下去，肯定要吃大亏，于是一声令下，日军趁夜色掩护逃出孟关，退入瓦鲁班，但想再往南逃却不可能了，退路已被新 38 师封住。

梅里尔的部队在南进中突遭两个中队日军的袭击，继而被日军包围。田中发现这支美军像是散兵游勇，也没有带什么重武器，决定拿这支部队出口恶气。日军以优势兵力频频发起进攻，多次发生白刃战。3 月 5 日，日军士兵高呼"万岁"再次冲了过来，眼看防线就要被突破，幸亏 X 部队及时赶来，两面夹击，解救了这支被围困两天两夜的美军部队。

第二天，中美军队开始围攻瓦鲁班。胡康河谷的又一场重要战斗打响了。

瓦鲁班在孟关以南 12 公里处，东面有一道峭壁作屏障，其他三面临南比河。南比河虽不窄，但水也不深，很容易涉水而过。不过两岸河堤都是直削削高达三四米的陡坡，不利战车通行，步兵攀登也不易。

　　3月6日正午，X部队炮兵部队对准日军工事猛轰，从后方飞来的盟军空军飓风式、战斧式战斗轰炸机向敌阵地俯冲投弹扫射，把河对岸的陡坡炸出一个个大缺口，为坦克、步兵输送车开路。

　　硝烟之中，新38师的第113团、战车第1营和梅里尔的一个营以60多辆坦克为先导，乘坐100多辆步兵输送车向南比河冲来，河堤这一边已被士兵用推土机推出几个几十米宽的大缺口，战车从缺口鱼贯而出，从河里向对岸冲击。

　　日军的前线工事和炮兵阵地多被盟军地空炮火摧毁，零零落落的枪炮射击根本无法阻止盟军的推进。下午1时半，坦克已开上对岸。走投无路的日本兵狗急跳墙，作拼死一搏，抱着成捆的手榴弹用身体作支撑炸坦克，这种自杀性的攻击很有效果，好几辆坦克被炸得直冒浓烟，先头部队减缓了推进速度。好在新22师的第二批攻击部队赶来，于天黑前突破了日军的第二道防线，只剩下最后一道防线没有拿下。

　　第二天，战斗进入白热化，日军以中队、大队甚至几个大队的兵力进行反冲锋，像一群不要命的疯子，死命夺回了失去的一些阵地，但日军死伤惨重。3月8日，日军的抵抗越来越弱，X部队乘势突破敌人最后一道防线，冲进城里，占领了整个瓦鲁班。官兵们遍查战场的尸体和战俘，不见田中新一的踪影。后来查明，这只老狐狸事先叫工兵联队长深山忠男中佐在东面的峭壁下凿了一条秘密通道，前一天夜里已从这条通道逃之夭夭。

　　东南亚战区司令蒙巴顿将军闻知瓦鲁班大捷十分兴奋。这几天，他正在北部战区视察，立刻飞临瓦鲁班。这位司令的确很有派头，把英国人讲究排场的习惯带到了战场，他的座机前后左右共有16架战斗机护驾。即使是到了前线，衣着装束仍毫不马虎。前来迎接的史迪威穿着美军野战服，没有佩戴军衔标志和勋章，而蒙巴顿则身穿笔挺的棕黄色热带军服，饰有三道红色绶带，肩上是一对六英寸长的金色肩章，上面镶着表示上将军衔标志的金星、皇冠、交叉的宝剑、官杖和皇家缩写字母，加上他长得英俊潇洒，更显得气度不凡，与史迪威形成鲜明的对照。两人见面握手寒暄，像多年未见的老朋友似的亲热。

这两位东南亚盟军最高指挥官的关系相当微妙，蒙巴顿认为"史迪威的确是一位出色的老勇士"，但不懂得全球战略。史迪威感到不管怎么说，蒙巴顿比韦维尔那样的古板英国军官容易相处，他亲临前线视察有利于鼓舞士气，但在战略问题上存在分歧。蒙巴顿并不是不想与史迪威保持良好的关系，只是他受不了这个倔老头尖刻的语言和直言不讳的批评。此刻，他正想主意把史迪威弄出东南亚司令部，让魏德迈或萨尔坦当自己的副手。

日军在瓦鲁班一战中死伤数千人，战场上有"相当多的日军尸体、战马和杂七杂八的物品"。蒙巴顿也是久经沙场的军人，但他的战斗经验多来自海上，显然他对那么多残缺不全的尸体感到恶心，尤其受不了死尸的腐肉发出的臭味。他对史迪威说：在海上打仗比这干净得多。

拿下瓦鲁班后，X部队继续南下，扫荡胡康河谷的残敌，至3月底摧毁河谷内其他日军据点，打开了通往下一个谷地——孟拱河谷的门户。

这样，X部队的攻势进入了第三个阶段，目标是攻占孟拱河谷，消除通往缅北重镇密支那的屏障。

瓦鲁班大捷虽是新 38 师、新 22 师共同取得的，但新 38 师担任主攻，自然功高一筹。廖耀湘心里不服，要在下一场战斗中露一手。孙立人在美国军校读过书，在美国人那里处处占先，分武器、弹药和车辆，总是孙立人拿得多。廖耀湘心里不满，心想自己也是科班出身，也喝过洋墨水，只不过没去美国，而是去了法国，但法国圣西尔军校也是著名军校，怎么就不如美国的弗吉尼亚军校？从外表上看，廖耀湘的长相鲁莽，但实际上他颇有心计，军事理论钻研很深。他在 1936 年从圣西尔军校经四年学习后回国，年方 30 岁，先任中央军校教导总队骑兵队 2 连少校连长，后任教导总队第二旅中校参谋主任，参加过南京保卫战。他目睹国民党军队种种弊端，愤而上书陈述改造国军的方案，获军事理论家蒋百里的赞赏，并得他举荐升任新 22 师副师长。因参加昆仑关战役有功，于 1940 年 6 月接替邱清泉任新 22 师师长，军衔升为中将。

第 18 师团兵败瓦鲁班的消息传到仰光时，河边大为震惊，担心缅北的败局会危及正在进行的英帕尔战役，便急调第 53 师团北上，与第 18 师团残部和盘踞在滇西的第 56 师团合编成第 33 军，任命本多政材中将为军长。本多将第 18 师团和第 53 师团全放在孟拱河谷，摆出决战的架势，欲阻挡 X 部队的攻势，待雨季到来后再作战略调整。

作战双方司令官的注意力都投向了孟拱河谷。孟拱河是伊洛瓦底江上游的一条支流，两岸谷地宽 50 公里，长 200 公里。雨季时，谷地山洪四溢，四周山上泥泞湿滑，行走困难。谷地中的主要城镇有两个，偏北一点的叫加迈，偏南的是孟拱。而从孟拱沿铁路东去不远就是密支那。日军在孟拱河谷的防守重点就放在加迈和孟拱。

两城相隔 30 多公里。中间隔着孟拱河，两相呼应。

史迪威召集 X 部队将领们开作战会议，用手比画着说："将军们，孟拱河谷的敌人是一只大螃蟹。你瞧，有两只大钳，一只是加迈，一只是孟拱。两地又相距这么近，只有 30 公里。很显然，打加迈呢，孟拱的敌人来支援。打孟拱呢，加迈的敌人要捣乱。这有点麻烦。听说，吃螃蟹，中国人是很有办法的。"

廖耀湘在史迪威慢条斯理地比画来比画去的时候，早已按捺不住了。X 部队眼下就这两个主力师，对付这两只钳子再合适不过了。他扶了一下眼镜，瓮声瓮气地说："这很简单，双管齐下，一对一。"

孙立人接过话头说："廖师长的想法与我完全一致。一个师拿一个据点。没问题。"

史迪威和 X 部队副总指挥郑洞国当即表示同意。经商议，决定新 22 师打加迈，新 38 师打孟拱。为避免密支那的敌人驰援，另派军队阻击。

蒙巴顿自从赴 X 部队前线视察后，对这支部队的战斗力有了信心。由于担心 X 部队兵力不够，也不想让中国人独占收复缅北之功，他把温盖特的英军第 77 旅也派来增援。可惜温盖特未能看到他的部队再上前线，他在 3 月 24 日坠机身亡。这个旅到孟拱河谷后归史迪威将军指挥。英国人将自己的部队交给一个在中国军队中担任要职的美国军官指挥，这还是第一次。

4 月 4 日，新 22 师在右，新 38 师在左，如两支离弦之箭射向孟拱河谷。

廖耀湘坐在吉普车中思索着这仗该如何打，只听前面传来急促的摩托车发动机的声响，通信兵把一纸最新情报交到了他的手上。

他忙展开细读，第 18 师团余部均退守加迈地区，新从后方得到 2000 名兵员补充，现共有两个步兵联队、一个辎重联队，共约 7000 人。其主力集中在加迈以北的索卡道，意在借助这一带的山地进行顽抗。

敌情搞清了，廖耀湘的思路也清晰起来，他随即决定派一个加强团迂回穿插，绕到索卡道背后，将该地与加迈联系切断，师主力由正面攻击，先取索卡道，再打加迈。

患病在身的傅宗良团长率他的第 65 团外加一个步兵营和一个炮兵连接受了穿插任务。

穿插不能走大路，只能在丛林中行进。路虽不好走，但避开了日军的据点，七昼夜之后，抵达预定的位置。

新 22 师主力沿大路推进，在英开塘遇到日军的猛烈阻击，动弹不得，相持至 5 月 3 日才在美军 36 架战斗机、轰炸机的配合下突破防线，第二天占领英开塘。穿插部队见大部队没有上来，不便贸然切断日军交通线，便在密林中开出了一块平地，供轻型飞机起降，保证了弹药给养的补充。

在得知新 22 师主力攻克英开塘南下的消息后，傅宗良团长立即领军抢占阵地，切断了索卡道日军的退路。

田中新一得知这一情况后大惊失色，X 部队在他的肋骨上插的这一刀真要命，立即命令索卡道守军派出四个大队兵力，调集 100 多门火炮向第 65 团阵地冲击。靠着不屈不挠的精神和高超的战术，第 65 团的官兵们打退了敌人一次又一次疯狂的进攻。

廖耀湘在座车中听到了前方传来的枪炮声，知道是日军与第 65 团交火，当即催军急进，从正面发起强攻，第 64、66 和 149 团轮番冲锋，摧垮一道道防线，苦战 5 日，于 6 月 9 日将逃至一片沼泽地的最后一股日军全部歼灭，攻下索卡道。

经仔细清点，此战共毙敌 5108 人，俘虏 112 人。此时，得胜的廖耀湘畅怀大笑，请来郑洞国副总指挥视察战场，让摄影记者给他们拍照留念。高兴之余，廖耀湘自然要问问新 38 师的情况，郑洞国如实相告：

"第 38 师进展也极迅速。据孙立人报告，他们已攻占瓦兰。而瓦兰到孟拱的距离，与索卡道到加迈的距离一样近。据说，他们还有一支穿插渗透部队在孟拱与加迈之间猛插过来。行动不慢啊！"

廖耀湘听完，用手中的紫乌藤杖向前一指，下令道："向加迈全速前进！"

新 38 师与新 22 师同时开拔后，脚下走的路更远。5 月下旬拿下瓦兰，切断孟拱日军与密支那的联系，又派第 112 团插入孟拱与加迈之间，将两地日军分割开来。

第 112 团缴获了一封日军第 18 师团步兵指挥官相田俊二少将的信件，从信中得知加迈城中日军兵力空虚，如若空城，师团长田中新一极为不安。

孙立人手拿这封信陷入沉思，若此时从敌背后攻击加迈，可轻易拿下该城，可战前与廖耀湘有言在先，各取一城，如发兵攻城，有可能背上贪他人之功的坏名声，还有可能把他与廖耀湘的关系弄僵。

正在左右为难之时，孙立人接到英军第 3 师发来的急电：从曼德勒开来的日本援军在当晚突破该师防线，正向加迈挺进中。

事到如今，任何迟疑都会坐失良机。孙立人主意已定，先与新 22 师合力攻下加迈，再去收拾孟拱的日军。他立刻确定部署，令第

112团前去卡萨至加迈的必经之地——西通设伏，拦截日本援军；令第114团南下控制孟拱以南各要道，防止孟拱之敌溜走；派第113团回师进攻与加迈一江之隔的支遵，再相机攻击加迈城。

第113团是仁安羌大捷的英雄，战斗力强，是新38师的精锐之一。奉命向支遵方向前进后，一路所向披靡，连克日军据点十余个，于6月7日攻下支遵。为等新22师一起攻城，第113团没有立即过江。

6月16日，第65团和第113团同时从北面和东南面两个方向展开攻城战。城内日军兵力显然十分空虚，几乎不堪一击。当天下午，两支部队就攻占全城。第65团的士兵登上城中心的大佛塔塔顶，扯掉日本旗，将一面"青天白日满地红"国旗升起。

此战中，日军第18师团仅数百官兵随师团长田中从暗道逃走，其余皆被消灭。在战场上找到敌尸1600余具，俘日军官兵89人，缴获火炮30门、汽车200余辆，枪支弹药不计其数。

就在X部队合攻加迈的时候，英军第77旅从右侧越过，直扑孟拱城。这个旅在缅北穿插游击战中曾令日军闻风丧胆、鸡犬不宁。经过休整补充后，又雄赳赳地杀回缅甸，准备再大显一番身手。

不料，在攻击日军在孟拱外围的阵地时，遇到猛烈抵抗，突击营的情况最为不妙，被日军拖住动弹不得。官兵们精于打丛林战，但对打阵地战、攻坚战却不得要领。在危急之中，第77旅向X部队发出求救电。

第38师立刻派附近的第114团驰援。第114团在此之前出色地完成了阻击日军增援部队的任务，将敌人击退。6月18日，这个团的尖刀排冲入英军第77旅突击营阵地增援，向日军发起猛攻。结果，日军竟出乎意料地被轻易击退，原来，这股日军仅数十人。

新 38 师其他部队也先后赶到，于 6 月 20 日将受困英军全部救出，重演了又一幕"仁安羌大捷"。23 日，中英军队将孟拱团团围住，发起总攻。

守卫孟拱的是新组建的第 53 师团的主力部队和第 56 师团及第 2 师团的一些援军。其中第 53 师团都是新兵，没有作战经验，战斗力不强，在 X 部队的强攻下很快就被击垮。而第 56、2 师团虽只有几个大队参加孟拱战役，但官兵们都是具有丰富作战经验的老手，给中英军队的攻击造成许多麻烦。

在装备和兵力上占有优势的中英军队以装甲部队为先导，并得到了空中掩护，硬是一寸一寸地向前推进。每一条街巷都要经过激烈争夺才能易手。

经过一天一夜激战，仍有一大片街区控制在日军手中，孙立人在指挥部里坐不住了，径直来到前沿，观察敌情，亲自督战。终于在 6 月 25 日消灭全部守军，毙敌 3400 名。孟拱河谷之战又以 X 部队获胜告终。

史迪威在安排过孟拱河谷作战部署后，便着手进行远袭密支那的行动，他将"抢劫者"部队的头儿梅里尔准将召到指挥部。

梅里尔的身体外形与史迪威形成鲜明的对比。他高大敦实，甚至显得有些肥胖，看上去像一只大笨熊。但他行动敏捷，进了丛林更是如鱼得水，一般棒小伙子也很难跟得上他。梅里尔是个有恒心的人，认准的事就要干到底。年轻时曾报考著名的西点军校，体检时样样合格，就是眼睛散光被淘汰下来。他连续投考六次，终于如愿以偿。

史迪威见了梅里尔，开门见山地要他率部远袭密支那机场。不料梅里尔不干，他提醒史迪威说，他的这支部队签了三个月的作战合同，还有 15 天就要期满。

既然梅里尔谈到合同，史迪威明确地对他的这位美国同胞说："战争将改变一切，包括关于作战的合同。就是说，'抢劫者'部队的作战期限可能要延长。"

梅里尔头脑还没转过弯来："可是，他们是为合同而不是为战争而来的。"

史迪威提高嗓门强调道："但你不要忘记，我们的合同原是为战争而订的。"

梅里尔知道在这个时候、这个地方与这位倔脾气的上司争论是毫无用处的，于是他扔掉手中的烟蒂，对史迪威说："将军，为达到你刚才提出的战斗目标，第一，推迟合同期限的事，必须由将军出面和当事人谈妥。第二，'抢劫者'部队必须得到中国军队的支援。第三，派野人别动队配合行动。第四，也是最重要的一条，'抢劫者'突击队的任务以拿下机场为限，一旦占领机场，就把突击队撤回。他们绝不参加市区作战。"

史迪威当即答应了他的要求，接着说道："你们必须在 5 月中旬拿下机场。"见梅里尔点头称是，史迪威压低声音关照道："此次作战行动要绝对保密，达到最大的突然性。我指的不仅是日本人，对英国人也一样。叫日本人大吃一惊，叫英国人也大吃一惊。明白吗？"

"明白。"梅里尔会心地答道。

史迪威高兴地拍了一下梅里尔的肩膀，说道："好。这次作战的代号是‘眼镜王蛇’。行动吧！"

4月中旬，梅里尔的"抢劫者"部队三个营、X部队新30师第88团、第50师第150团和当地野人别动队300人来到太克利，编成中美混合突击支队，下分为K纵队、H纵队和M纵队，纵队指挥官是美国军官金尼森上校、亨特上校和马基上校。

突击支队的行军路线是从左侧越过孟拱河谷战场，直插密支那。

从太克利到密支那的直线距离仅95公里，但中间隔着孟拱河和坚布班山、苦蛮山两座数千米高的大山，根本没有现成的路可走。为保守秘密，途中不进行空投补给，官兵们都得背上沉甸甸的背囊，带足15天口粮和武器弹药，这段路不易走！难怪梅里尔的部下上路时个个面色凝重，愁眉不展。

4月29日那天，史迪威没来为他的子弟兵送行，因为他深知他们的脾气。平白让他们延长合同期，还要受这么多苦，那些当兵的见了他肯定会对自己不客气，骂个狗血喷头恐怕还是轻的，就不要自找没趣了，反正有梅里尔压阵。梅里尔准将是史迪威信得过的为数不多的几位美军指挥官之一。

路真的难走，几天过去了，梅里尔掏出地图来用尺量一量，每天才走了不过十公里。而且更为不妙的是，经过数日在丛林中的连续行军，官兵们士气下降。梅里尔心想，要是能与日本人干上一仗，提提精神多好。

梅里尔认为他的部队行动隐秘，是不会走漏风声的，但日本人不知怎么知道了他的部队正在南下，急忙派出阻击部队，在苦蛮山脉的各个山口要道设防。

6月6日，突击支队的先头部队——野人别动队在一个叫雷托邦的地方发现了日军的伏击阵地，连忙向后面的 K 纵队报信。

K 纵队的一些官兵染上了传染病，纵队长金尼森上校在几天前死于斑疹伤寒，他的遗体就草草埋在了苦蛮山中。接替他任纵队长的是汉逊中校。

汉逊的 K 纵队包括"抢劫者"第 3 营和中国新 30 师的第 88 团，共有 2000 多人。他心想，要拿下山头上的阵地大概不会有什么麻烦，随即将人马一分为二，分别从两翼向山上冲去。

日军在这已等待几天，修了工事，抢占了有利地形，居高临下，一排子弹打过来，就撂倒好几个。中美军队连冲几次，直到日头西落也没能靠近山头，只得收兵。

第二天，H 纵队来到雷托邦，亨利上校问汉逊："要不要帮什么忙？"

汉逊很干脆地回答道："No（不要），忙你们的去吧！"

亨利上校也不强人所难，带着部下绕道向密支那开去。

K 纵队又连攻两天，夺下了日军的部分前沿阵地，但山头上的核心阵地仍未能攻下。汉逊急得直挠头，要在平时有大炮支援，日本人的那点工事早给炸烂了，可轻武器相搏占不了上风，尤其是日本兵的肉搏技术真是厉害，而且那该死的三八式步枪比其他种类的步枪长了一大截。看样子必须想点别的办法。

8 日夜里，汉逊派出 20 名精干美国士兵，腰上拴满了手榴弹，乘黑摸入日军阵地，把日军指挥所炸了个底朝天。失去指挥的日军四下逃窜，少数在工事里顽抗的也在第二天被一个个地消灭了。

前头的 H 纵队在 5 月 10 日攻下阿兰，夺取了附近的一个小机场，15 日越过了密支那与孟拱间的公路，与密支那相去不远。

汉逊打完了仗才发现中了日军的缓兵之计，耽误了三天时间，连忙上路急行军。12 日在钦克尔坎又遇日军阻击，汉逊这回没有恋战，留下第 88 团的第 3 营对付日军，率其余官兵继续赶路，终于在 16 日凌晨与 H 纵队和 M 纵队一齐赶到了密支那机场西北不远处的南圭河边，稍作休整。谁知"休整"命令一下达，"抢劫者"们立即骚动不安起来。原来，他们看到密支那机场唾手可得，恨不得立马把它拿下来，登上自家的飞机去后方大大地享乐一番呢！梅里尔和其他头儿们软硬兼施，方才制服了这帮不安分的兵们。

守卫机场的是日军第 15 机场大队，指挥官是大队长平田中佐。由于别处战事吃紧，原先驻扎在这里的 200 多架飞机先后调走，现在一架不剩，飞机场成了没有飞机的大空场。平田手下的兵也被密支那日军最高指挥官丸山大佐一下子调走 200 人，眼下只剩下 300 余人。就是这样，平田和他的手下整天也无所事事，早起下操，白天轮流站岗放哨，把跑道上的草拔掉，晚上除留几个人值班，不少人溜到城里去找女人"慰安"。偶尔也会响起空袭警报，但日军官兵对此已习惯了，并不特别在意。

上午 10 时左右，远处天际边传来隆隆的飞机轰鸣声，接着出现了一群小黑点，越来越近。密支那城内的空袭警报器骤然响起。转眼间，美国第 10 航空队的 50 多架轰炸机就飞到了头顶上，机腹的弹仓门一扇扇地打开，成串的炸弹落了下来，猛烈的爆炸把大地震得直抖，像是发生地震似的。

不过，密支那机场只挨了几颗炸弹，也没有命中工事、营房或油库和弹药库，只把宽阔的跑道炸了几个大坑。

等美军飞机飞走后，守机场的日本官兵从工事掩体中爬出来。

看到机会已到，中美突击部队从机场周围一跃而起，边打边冲进机场，只一会儿工夫就消灭了守敌，占领了机场。平田大队长也被击毙。

当天下午，美军的运输机大批飞来，将 X 部队第 14 师、第 50 师和新 30 师的其余部队陆续运到密支那前线，准备攻城。

在密支那城里的一个地下室里，丸山房安大佐紧张地部署防御，眼下的守城部队只有他指挥的第 114 联队。这个联队隶属第 18 师团，但未参加胡康河谷和孟拱河谷作战，是这个从九州来的日军师团中唯一未遭重创的联队，共有战斗兵员 700 名，后勤部队 318 人，伤病员 320 人，兵力委实薄弱。这个联队的官兵原来大都是九州的矿工，长于挖掘地下巷道，将各作战工事搬到地下，由巷道相连。地面支持不住就钻到地下去，乘进攻部队不备，再从侧面和后面用交叉火力将其消灭，这一招还真是厉害，X 部队的攻城部队屡屡受挫。

"抢劫者"部队攻占机场后，便按约乘飞机撤走，但留下指挥官指挥攻城。后因梅里尔心脏病突发，史迪威任命突击支队支队长米尔准将为攻城总指挥。

攻城战于 5 月 19 日打响，X 部队在美国空军和强大地面炮火的支援下，展开强有力的攻势。日军施放黑色烟雾，几米以外就看不清东西，乘中国官兵们摸东摸西的时候，一阵枪炮打过来，顿时撂倒一大片，遏制了 X 部队的高昂进攻势头。

密支那火车站是日军防线的重要一环，如夺下车站就可迅速攻入城内，继续夺取全城。米尔也看到了这一点，命令第 50 师的第 150 团进攻车站。

　　战斗十分激烈，双方都明白车站的重要性，遂展开殊死争夺。一会儿是中国军队冲上来夺下了站台，一会儿从站房里扑出来的日军又将中国军队击退。两边的炮兵也弄不清车站的详细情况，一个劲儿地往车站开炮，结果也不知是打着了敌人还是误伤了自己人。只是车站上血流遍地，到处都是死尸，攻守两方都损失惨重。

　　毕竟 X 部队的兵力充足，经过三四次拉锯战，日军终因伤亡太大，又无援兵，于 20 日放弃车站退入城内。

　　但在第 150 团进占车站后，日军立即调集大炮，以密集火力轰击车站，通讯联络被切断，随该团作战的美方总联络官孔姆中校借故离开，使该团无法向指挥部汇报情况和请求支援，陷入混乱之中。狡猾的日本人乘机反攻，重占车站，加强了这一带的防御工事。

　　这回再打可就更难了。23 日，史迪威亲赴前线督战，撤换了米尔，改任鲍特纳准将为总指挥，并规定第 50 师师长潘裕昆和新 30 师师长胡素分别指挥自己的师作战。

　　由于日军防守十分顽强，攻城的 X 部队进展缓慢，直到 6 月下旬才突破外围阵地，占领了郊区。

　　这时，丸山大佐盼望的援军也赶来了。第 33 军司令官本多中将十分重视密支那的战略地位，知道此地一旦失守，盘踞在云南西部的第 56 师团的后方就陷于危险境地，整个缅北滇西就很难守住了。所以，在中美突击支队进占机场之前，就派了第 53 师团的主力共六个大队前往增援，但孟拱和加迈战事更为吃紧，便只好转而将这支援军调往孟拱。后来这支部队在孟拱遭重创，其余部与第 18 师团的败兵一起逃往南面的英多。

　　在这种情况下，本多改派第 56 师团的步兵联队长水上源藏少将率援兵冲破包围圈进入密支那市区，使守军兵力达到3000人。全城防卫指挥也改由水上担任。

本多虽名义上是军司令官，但手上的本钱确实不多。他手下的三个师团眼下只剩下不到一半兵力，还硬把一个精锐联队投入被X部队3个师团团围住的密支那。他去电下了死命令："水上少将务须死守密支那。"其目的是试图阻止X部队与Y部队会师。

水上源藏具有典型的武士道精神，复电军司令官，做出保证："一，谨守军令。二，守军誓死固守密支那。"

日军兵力的加强，使战斗进入胶着状态。X部队连续十多天寸土未得。史迪威又撤换了攻城指挥官，由韦瑟尔准将走马上任，并将郑洞国请到前线督战。

在"七七事变"7周年纪念日，郑洞国发起总攻。12日，美军工兵部队和"抢劫者"补充团600人也投入战斗，美军空军派出40架最新式的B29重型轰炸机助战，再次发起总攻。地面部队挖掘堑壕挺进，速度是慢了些，但大大减少了伤亡，于17日将北面高地和西南阵地占领，突入城内。日军已阵亡790人，伤1180人，战斗力下降。水上命人将那些不能打仗的重伤员抬到木筏上，顺伊洛瓦底江向下游200多公里以外的八莫漂去。

X部队的包围圈越缩越小，至7月31日已将大部分市区占领。

8月2日，水上见大势已去，命丸山在夜间率800官兵向东岸撤退，未能撤退者大都用手榴弹自杀。水上本人向本多军司令官发电："卑职指挥无能，未能坚守密支那，形势已临最后关头，深感歉憾。"随后走入河岸边的密林中自尽。日军的零星抵抗在8月3日下午3时45分停止，密支那终于落入盟军手中。至此，X部队与美英军队一起取得了缅北三大战役的胜利，收复了缅北大片地区。不过，中国远征军 X 部队和参战的美英部队也付出了高昂的代价，伤亡数字达 18000 多人，仅在密支那的伤亡人数就在 6500 人以上。

史迪威将军在 7 月 30 日离开缅甸前往位于锡兰康提的东南亚战区司令部，在蒙巴顿逗留伦敦期间代行他的职务。这位"乔大叔"在飞机舷梯上向送行的人们挥手告别时没有想到这次他离开缅甸后将不再回来。罗斯福总统给他的肩章加上一颗星，升为四星上将。

此时缅甸已经进入雨季，X 部队连续作战十分疲惫，全军停止军事行动，原地休整。整个编制也进行了重组。新 38 师和新 30 师合编为新 1 军，孙立人升任军长。新 30 师师长胡素在密支那作战中与美军指挥官发生矛盾，被史迪威撤职，改由新 38 师副师长唐守治任该师师长。廖耀湘升任新编第 6 军军长，下辖新 22 师、第 50 师和第 14 师。新 22 师副师长李涛接任师长，潘裕昆仍任第 50 师师长，第 14 师师长龙天武也留任。郑洞国升任 X 部队副总指挥。不久以后，史迪威因与蒋介石矛盾加剧被调回国，总指挥一职由美军三星上将索尔登接任。

在国境线的另一边，中国远征军 Y 部队已在 5 月 11 日渡过怒江向日军第 56 师团发起攻击。此时双方正在进行腾冲会战，战况甚为惨烈。为策应 Y 部队的攻势，X 部队两个军于旱季开始时，向缅甸中部的八莫进军。

X 部队的作战方案是新 1 军由密支那南下进攻八莫，新 6 军从孟拱出发，沿铁路线往西南前进至和平，再南下瑞姑（古），向东抄八莫后路，以全歼八莫守敌。新 6 军第 50 师沿铁路掩护英军，策应进攻曼德勒。

日军负责守卫八莫的是第 2 师团骑兵联队和另外两个步炮大队，共约 3000 余人，西面以伊洛瓦底江为依托，其余三面均构筑坚固阵地及各种工事，以重机枪为主，辅以各种枪炮构成一道道交叉火网。

X 部队进军途中，日军在中国南方发动打通交通线的战役，连克衡阳、桂林，进逼贵阳。蒋介石急调新 6 军新 22 师、第 14 师回国，先空运到云南沾益，再运至湖南芷江，再也未调回缅甸。X 部队只剩下孙立人的新 1 军和潘裕昆的第 50 师。

离开密支那后，新 1 军进军顺利，未遇抵抗，直开到八莫以北仅 20 公里的伊洛瓦底江支流——大盈江时，才发现了日军的踪影。

大盈江南岸的苗昔特高地上飘扬着一面日本旗，日军在此构筑了外围阵地。孙立人率各位师长来到江边树丛里，从望远镜里看到日军阵地上工事密布，强攻困难，便派侦察兵向上游侦察有无过江渡口或桥梁。侦察兵惊奇地在东面十余公里处发现一座大桥，日军未加破坏，也没有派兵把守，就先占了桥，并派人回去报信。

孙立人闻讯大喜，即令新 38 师由大桥过江迂回攻击。正面由新 30 师先佯攻，待新 38 师动手后再强行渡江，合而攻之。

这个前哨战果然打得漂亮，两个师一鼓作气攻下了这个日军阵地。

再往前进，新 1 军部队遇到日军多支警戒小组的阻拦。这些警戒小组每组三名士兵，每人配备一挺机枪、一个掷弹筒和一支步枪，后面有八莫城里的炮兵炮火支援，打起来还挺厉害。这些日本兵拼死顽抗，不肯投降。新 1 军大部队像进了迷魂阵，不时这边挨一阵枪，那边又遭一下突袭，伤亡不小。走在前面的新 38 师及时变换战术，把迫击炮兵调到前沿，用迫击炮一个个地端这些警戒小组的窝，花了三天时间才把它们消灭掉，进到八莫城下。

孙立人估计，日军可能会派兵增援八莫，于是就派新30师绕过八莫，沿八莫至南坎公路南下，阻止日军增援，切断八莫守军退路。他本人留在八莫，与新38师师长李鸿一起指挥该师进攻八莫城。

新38师的进攻得到X部队直属坦克部队、三个重炮营、一个重迫击炮营和美国空军的协助。每天天亮后，美军的轰炸机就准时飞到，对准日军阵地狂轰滥炸，接着重炮部队的105毫米和155毫米重炮进行饱和炮击，然后是坦克开路、步兵跟上，完全是一套现代立体战争的打法。但日本的防守极为顽强，而且天黑以后必定发动夜袭反攻，展开激烈的拉锯战。

日军第33军司令官本多中将于11月30日派出山崎大佐率从各师团中抽调的5个大队共3000人从南坎驰援八莫。12月9日，在途中的卡的克与新30师迎面相遇。新30师仓促应战，却被兵力处于劣势的日军截为两断，陷入混乱。孙立人急调新38师第112团乘汽车赶到卡的克，从右侧山地迂回到日军背后发起突然进攻。

八莫这边，新38师经过约一个月的战斗，终于冲入市中心。12月14日日军将重伤兵近千人抬运到伊洛瓦底江边。有些从密支那乘竹筏漂来的伤兵以为又要乘竹筏顺流漂到英多或曼德勒去。不料，一名军官宣布：为天皇陛下尽忠的时候到了。伤兵们遥向东北方祈祷完毕，便被一一抛入江中活活地淹死。

突围的日军在夜间沿江边南逃，被消灭大半，仅百余人得以逃脱。八莫城经过这场鏖战已成一片废墟，只有一座当地华侨修建的关帝庙奇迹般地独存下来，也许是关帝在天上显灵的结果吧。

八莫一丢，在卡的克的援军也连夜溃逃，退回南坎。

孙立人不给敌人以喘息的机会，派新 30 师从正面追击，新 38 师则分兵两路，第 112 团在左翼，假道云南的垒允，从左侧包抄；新 38 师主力则由右翼对南坎实行迂回包抄。左右两翼先后渡过伊洛瓦底江的另一条支流——瑞丽江，将南坎守敌围住，新 30 师从北面强行渡江。

南坎的守军是从密支那、八莫等地退回来的败军，士气低落，抵抗了数日之后，残敌在 1945 年 1 月 18 日夜逃走。

新 1 军正打算乘胜追击，但英军方面来电不许中国军队越过南坎以南的山地，他们担心中国在缅甸的势力过于强大。为顾全大局，孙立人领军沿中印公路向东北方向仅 50 公里处的畹町开去，与中国远征军 Y 部队会师。

在云南的中国远征军 Y 部队本应与 X 部队同时对日军发动反攻，但因丘吉尔出尔反尔，收回横渡孟加拉湾、对缅甸南部实行两栖登陆作战的"海盗计划"，蒋介石颇感不满，便压住 Y 部队不发。

一向很给蒋介石面子的罗斯福总统终于感到有必要施加点压力，他手头有美援这张王牌，到这样的时刻有必要拿出来用一下。1944 年 4 月 3 日，罗斯福给蒋介石发去了语气强硬的电报："我无法想象，你的美式装备的 Y 部队无法向目前已经力量衰竭的日军第 56 师团进击。我认为进击时机已经成熟……不要再作任何拖延。""如果不把 Y 部队使用到这个共同事业中，我们做出巨大努力空运装备和提供教练人员就无必要了……我的确希望你能够采取行动。"马歇尔告诉史迪威：如果 Y 部队按兵不动，美国就停止向它提供租借法案援助。当然，为了避免开罪这位蒋委员长，史迪威派他的参谋长赫恩与何应钦举行谈判，婉言相劝。蒋介石左掂量右掂量，发现美国人这回是要动真格的，不能干敬酒不吃吃罚酒的蠢事，于是就指示何应钦接受美方的要求。4月14日，何应钦在发给Y部队渡过怒江作战的命令上盖上官印。事后，不明就里的何应钦还打电报告诉他在美国的同行马歇尔将军，说出兵决定"是中国人在没有外部压力的情况下主动做出的"。

日军在1942年侵入中国云南，占领了怒江以西地区。怒江自北向南流经中缅泰三国，流入缅泰境内时改称萨尔温江。两年前萨尔温江畔曾进行过激烈的战斗，那时是日军大举进攻，盟军败退。此时，在这条大河上游的怒江江畔就要响起中国远征军Y部队反攻的炮声。

在兵力对比上，Y部队占有绝对优势，共有第11、20两个集团军和第8军，共18个师，11.5万人。日军只有第56师团。而且其中三分之一部队还调去支援缅甸北部的战斗，充其量只有两万多人。

5月11日，Y部队在长达数百公里的江面上强行横渡，北线的第20集团军的第53、54军的大部分部队和南线的第11集团军第2、6、71军的各1个师未遇日军猛烈抵抗，有些师甚至一枪未发就强渡成功。

原来，第56师团师团长松山佑三中将自知兵力太少，散布在几百公里长的江岸上根本守不住，还有可能被分割歼灭，所以把部队放在北部的高黎贡山上和中南部的几个主要城镇中及松山上，以取得在局部地区范围内与Y部队相抗衡的实力。

北线第53、54军强攻高黎贡山上日军防线，山下山上温度相差近20度，身着单衣作战的官兵冲上山顶时都冻得直打哆嗦。山上雾大，飞机无法投送补给，随身带的食品吃完后靠挖野菜、竹根充饥。

到 6 月底，终于消灭高黎贡一带的日军，进到腾冲城下。

南线的渡江部队于 5 月 13 日拿下南端的平戛。6 月 1 日，第 71 军全部部队渡江，新 28 师进围日军第 113 联队固守的松山，开始向山上攻击。第 87、88 师和第 6 军新 39 师绕过松山直捣滇西重镇——龙陵。

龙陵是滇缅公路经过之地，城区位于平坝上，地势平坦。但城东北有老东坡，城西南有回龙山，互为犄角，居高临下，钳制着全城和周围地区。第 71 军的两个师先集中兵力攻打老东坡，第 11 集团军总司令宋希濂也亲临前线指挥作战。两个师轮流以团的规模发动攻击，到 6 月 10 日夜终于攻下大东坡和龙陵城，但日军仍据守回龙山和城中心的一个堡垒阵地。

驻芒市的日军急忙增援反扑，夺回了龙陵城，新 39 师几乎全部被歼。第 71 军于 6 月 16 日退到老东坡与日军相对峙。

经过这一阶段作战，Y 部队成功地渡过怒江，扫除了日军的大量外围据点，将敌孤立在腾冲、龙陵、松山等几处，掌握了战役的主动权。

Y 部队司令长官卫立煌上将对下一阶段战斗做了新的部署。第 20 集团军负责解决腾冲之敌，第 11 集团军和第 8 军则要全力拿下松山和龙陵。

Y 部队两个集团军的总司令宋希濂和霍揆彰都是蒋介石的嫡系。原任司令长官陈诚是老蒋的心腹，尚感到调动困难，所以卫立煌从第一战区司令长官的任上调来时，宋、霍等人并不把他放在眼里。但卫立煌亲自下军营解决问题，为人宽宏大度，不拘小节，倒也在不长的时间里树立起威信。所以，他此令一下，两个集团军十万人马立即行动，在滇西展开了大规模的围攻战。

腾冲位于群山环绕的盆地中，地势不算险要，其南面的来凤山为控制全城的制高点。腾冲城垣闻名滇西，高数丈，厚十余米，易守难攻。城内东南部的城隍庙、文庙等建筑高大坚固，日军将它们改建为据点。但城内守军兵力空虚，据 Y 部队估计，守敌为一个混成旅团，实际上，腾冲日军部队仅有一个步兵大队、两个炮兵中队、一个工兵小队和一个野战医院，共约 1500 人，指挥官是第 56 师团第 148 联队长藏重康美大佐。

7 月上旬，Y 部队第 20 集团军的第 53 军第 116 师和归第 54 军指挥的预备第 2 师开始攻城。日军在来凤山上向攻击部队开枪开炮，造成不少伤亡。于是，第 116 师派精锐的第 364 团前去攻山。美军战机前来助战，日军也派出战斗机拦截，展开空战，数架日机被击落。7 月 27 日，第 346 团攻占来凤山，前后用了两天两夜时间。

8 月 2 日，第 53 军由城东南角，第 54 军由西北角强行登城，杀进城内。

第 53 军是张学良的东北军旧部，一向受军队中嫡系的排挤。此次攻打腾冲，霍揆彰把东南角的硬骨头丢给只有两个师编制的第 53 军去啃，而让拥有三个师的第 54 军攻打地势平坦开阔的西北角。为消灭日军，收复失地，第 53 军将士并不计较，一街一地与敌争夺。

日军将每一座院落都变为防御工事，拼死抵抗，第 53、54 军部队只有用炸药、大炮将每座房屋炸毁，再前去进占。尤其是几座大庙墙高壁厚，一般的炮弹和炸药包炸不动，进攻部队反复冲击都被击退，伤亡很大。

8 月中旬，守城日军被压缩到东南角的几处大寺院内，指挥官藏

194

重康美被炸弹炸死，改由太田上尉指挥顽抗。中国军队团长以下多名指挥官阵亡。

在地面激战的同时，空战也接连不断。9月23日，日战斗机9架护送3架运输机空投弹药给养，遭到15架美国战斗机拦截。几十架飞机在空中咬成一团，日机大部分被击落，美机也有损伤。

9月12日，太田上尉看到大势已去，士兵抵抗已到极限，手头的几百号人再也抵挡不住几万名中国官兵的冲锋，便于当天夜里向本多军司令官和松山师团长拍电报诀别："我等辜负军、师首长期待，深感歉憾，现已焚毁军旗，准备全体一齐冲入敌阵。"9月14日，二三百名日军乘黑夜下雨，冲向城外，被全部歼灭。另有50多名日军投降。当中国士兵冲入日军指挥部时，看到焚毁文件后留下的一堆堆灰烬，屋内外到处是被击毙的日军尸体。在屋后的瓦砾堆中，还看到几十具朝鲜慰安妇的尸体，这些年纪轻轻的姑娘到临死时还被剥得一丝不挂，在日军满足兽欲后，全部被打死，其况甚惨。

攻下腾冲，中国官兵欣喜若狂，高呼"抗战胜利万岁！""中华民族万岁！"霍揆彰却忌恨第53军的功绩，向蒋介石诬告："查第53军军长周福成、第116师师长赵镇藩、副师长刘润川、第130师师长王理寰，均系东北军张学良的余孽，腾冲作战不力，应予撤职查办，组织军法会审。所遗各部队分拨各军补充空额，以充实力。"蒋介石将此事交卫立煌处置。卫立煌本不属嫡系，对这种排挤压制十分气愤，斥责霍揆彰的诬陷之举，并向蒋介石据实汇报。蒋介石也认为作战期间不能做得太过分，出来打圆场，对卫立煌说："无其事，就算了吧！你不要告诉第53军。"霍揆彰自知理亏，溜回昆明称病不出。卫立煌将第53军划归第11集团军指挥，此事才算了结。

在第 20 集团军歼灭腾冲守敌之前，Y 部队的另一支部队已攻克松山。

松山位于怒江以西，东距惠通桥约 22 公里，西到龙陵约 39 公里，方圆 25 公里，包括阴登山、大小松山、大哑口、滚龙坡、长岭岗等山头，高达千米。著名的滇缅公路从松山下绕过，向上经滚龙坡、大哑口，经腊猛街、阴登山下至平原。

日方守军是第 56 师团第 113 联队，配有战车、山炮等重武器，兵力约 3400 人。整个阵地由滚龙坡、大哑口、长岭岗和松山顶峰四个子阵地组成。每个子阵地筑有一至两个主堡，周围分布若干个小堡。所有工事都深入地下，工事顶上铺直径 20—40 厘米圆木数层，中间加铺钢板，顶上覆土 1 米以上，各堡之间有地下战壕相连。各堡配有各种轻重武器，构成多重交叉火网。阵地前还遍设铁丝网、鹿砦、地雷和陷阱，弹药给养充足。指挥官是金光惠次郎少佐。倚仗着这些坚固完备的防御体系，日军宣称："支那军队不牺牲十万人，休想攻取松山。"

Y 部队第 71 军新 28 师于 6 月 4 日开始攻击松山，于 6 月 7 日攻占外围的阴登山，再向山中前进时，遭阻止，激战 20 余日，伤亡累累。

卫立煌指令第 8 军接替新 28 师的攻山任务。第 8 军与 Y 部队其他单位一样，全副美式装备，下辖第 103 师、荣誉第 1 师和第 82 师，共五万余兵力，军长何绍周是何应钦的侄子，黄埔一期生。

7 月 10 日，突前的第 103 师由惠通桥过江，向松山进发，第二天就对滚龙坡的日军子阵地进行了火力侦察。当天上午，进攻部队用重炮轰击滚龙坡各高地，一个连的士兵大声呐喊发动冲锋，日军在暗堡群中开火还击，暴露了火力点分布情况。13日拂晓，第103师即以两个营的兵力进行攻击。同时，荣1师的第3团和第2团3营与第103师的第309团对大哑口、第82师对松山主峰阵地发起攻击。

寂静的松山被猛烈的炮火震得直抖。在山地作战，坦克派不上用场，而且当步兵接近敌阵地时，炮兵也停止炮击，以免误伤自己人。松山战役事实上是双方步兵之间的较量。

这仗可真不好打，山高坡陡，石头上满是青苔，滑溜溜的连脚都站不住。老天又像故意出难题，整天雨下个不停。有时好容易冲到日军碉堡跟前，可怎么也点不着导火索。日军暗堡修了很长时间，上面长满了草，根本看不出，等人到了近处，暗堡里的机枪突然响了起来，士兵们一片片地倒下去。8月7日，荣2团第3营几百号人冲上去抢占大哑口高地，与日军肉搏，最后仅18人生还，其中只有一名排长，其余排长以上军官全部战死。

8月份，卫立煌来到松山前线，对何绍周说："敌人已是山穷水尽、精疲力竭，可选用适当战术，出奇兵攻之，松山很快就能攻下。"并限他两周内将松山攻克。何绍周命各部队拼死一搏。8月2日，第103师的两个团攻占滚龙坡，8月10日，大哑口的守敌被歼灭。但松山主峰阵地仍在日军手中，第82师一个月的攻击付出沉重代价，寸土未得。

主峰阵地工事修得十分坚固，Y部队用大炮轰，用飞机扔炸弹炸，都奈何不得。何绍周召集各师师长开会研究，定出一计。8月11日，军工兵营开到主峰阵地下开凿坑道，在距峰顶地表约30米处凿了两个药室，装进六吨美国产TNT炸药，至19日才完成作业。第二天上午 9 时，何绍周一声令下，松山峰顶立刻飞向空中，守军除四人负伤外，其余全被炸死。

第 8 军各部队稍作休整即前去攻击松山上日军最后一个子阵地——长岭岗。总攻于 9 月 1 日开始，战况甚烈。第 309 团团长陈永思手执冲锋枪亲自在前面督战，身负重伤。代团长王光伟再上火线又被敌人击中。到 9 月 3 日，该团仅剩下几十人。

日军抵抗也到了极限，金光少佐给师团长松山佑三和军司令官本多政村发去诀别电："卒因卑职指挥不力，弹药罄尽、将士死伤殆尽，未能做到支撑全军的攻势，已达到最后的时刻。为此焚毁军旗和密码，准备全体殉国。"日军所有能动弹的伤兵都上了火线。为补弹药不足，天黑后派人从战死的中国官兵身上搜集手榴弹和枪支弹药。

9 月 7 日，日军的顽抗被中国远征军将士摧垮，除极个别日本军官逃脱外，悉数被歼，金光本人剖腹自杀。

第 8 军此战中阵亡达 3800 余人，伤者更多。在作战后期，连勤杂人员都编入作战部队参战，所有预备队都用上了，可见此仗的艰难。

再说龙陵复被日军占据后，宋希濂离职学习，改由第 6 军军长黄杰升任第 11 集团军总司令。

9 月上旬，Y 部队荣誉第 1 师、新 39 师一部和第 5 军的第 200师绕过龙陵，截断日军退路。第 71 军的第 88 师进攻回龙山，第 87师攻打龙陵城。至 11 月 3 日凌晨，第 87 师方才攻克龙陵，第 2 军部队也同时收复芒市。远征军各部队同心协力，又先后拿下了遮放和畹町。Y部队前后用了九个月时间，取得了滇西反攻战的胜利，将日军赶出了国境。在这场艰难的反攻中，Y部队伤亡人数高达48598人。

1月27日，中国远征军的X部队与Y部队在中缅边境的芒友胜利会师。隆重的会师典礼同日举行。这一天天气晴朗，主席台上用鹅黄色降落伞搭成的台顶在蓝天白云的衬托下显得分外悦目。主席台左右两边的横幅上分别写有两竖列雄浑有力的大字：

祝贺Y部队进军滇西马到成功！

欢迎X部队反攻缅北凯旋回国！

居中的横幅上只写了一个足有三尺见方的英文字母：V。

典礼开始，军乐队奏出雄壮有力的乐曲，两支部队的指挥官郑洞国和卫立煌从两侧登上主席台，两双粗壮有力的手紧紧握在一起。

两支部队的其他高级军官也相互握手、拥抱，互祝胜利。

接着，到场的两支部队先后列队行进，从主席台前经过，接受检阅。站在台上的卫立煌、郑洞国、黄杰、孙立人望着身穿米黄色英式制服的X部队和身穿深灰色中式制服的Y部队官兵整齐划一的步伐，心中像大海的波涛一样汹涌激荡。今天的胜利来之不易啊，从两年多前中国远征军入缅参战起，经历了多少艰难险阻，有多少中国官兵献出了生命！

雄壮有力的步伐声向全世界宣告中国远征军的胜利。全世界反法西斯主义的国家和人民为之欢欣鼓舞，德日反动派闻之丧魂落魄。盘踞在缅甸的日军的末日也近在眼前了。

十一

光复仰光

到 1944 年年底，麦克阿瑟将军的部队正在向马尼拉挺进。尼米兹派出的 B - 29 重型轰炸机机群把炸弹、燃烧弹扔到了东京人的头上，东京大片地区化为灰烬。

蒙巴顿忙着与第 14 军军长斯利姆将军联络。他此时心里急得慌，英国军队必须打出自己的威风，东南亚一带本来就是英国的地盘，要是美国人把它打下来，那作为堂堂大英帝国的海军上将、东南亚战区司令的面子还如何保得住？他给斯利姆下达命令：尽全力以最快速度收复仰光。

斯利姆也已拟定出"首要作战计划"和"吸血鬼作战计划"。第一项计划动用第 33、4 军团占领缅甸中北部。第二项计划则从海上发动两栖登陆，第 15 军团从陆上接应，第 33 军团和第 4 军团完成中北缅战斗任务后立即南下，攻占缅甸南部。蒙巴顿未加耽搁，批准了以上计划。1944 年 10 月，中国远征军 X 部队已在缅北打了几个大胜仗，收复大片地区，斯利姆向第 33 军团和第 4 军团发出了实施"首要作战计划"的命令。英军官兵挟英帕尔胜利之威，斗志高昂地开赴前线。

英帕尔战役后，木村兵太郎中将来到仰光接任缅甸方面军司令官。摆在他面前的是千疮百孔的烂摊子，英军和中国远征军 X、Y 部队从东、西、北三面压过来，日军疲于奔命，节节败退，兵力薄弱。第 15 军的三个师团只剩不到一个师团的兵力，武器装备也仅剩原先的三分之一左右，要守住整个缅甸已不可能。

木村派人把参谋长田中新一找来，商量对策。田中新一就是那个在缅北被孙立人和廖耀湘打得抱头鼠窜的败军之将，他的第 18 师团几乎全被消灭。说来也怪，这家伙打了败仗还升官，不像牟田口、佐藤之流那样被削职为民，还真够运气的。

田中进来后，木村把刚收到的南方军总司令部的命令递了过来。命令的主要内容是确保缅甸南部，继续在北部作战。田中刚从前线下来，一眼就看出这个命令根本就不现实，以日军目前兵力，再分散作战，只能加速失败。他向木村提议：既然南方军命令确保南部，就可收缩战线，北部只留零星部队做做样子就行。木村也早有这个想法，两人一拍即合。接着，木村接过田中递过来的红色铅笔，在地图上沿仁安羌、曼德勒和腊戌画了一道粗粗的红线："这就是我军新的防线位置，28 军、15 军和 33 军由西向东，各以以上一城为核心布置守卫。"

仍在缅北的第 15、33 军，在前面派小部队担任掩护，主力则开始逐次后撤，至 1945 年 1 月初退至指定的新防线。日军据守伊洛瓦底江天险，企图在此挡住英军的凌厉攻势。

斯利姆原想在缅北把日军第 15 军的余部全部吃掉，没想到敌人逃得这么快，一下子就跑出了自己设置的包围圈。他在指挥部里来回踱着步子，再一次在占了一面墙的巨幅军用地图前停下来。他的目光越过了伊洛瓦底江，越过了曼德勒，在曼德勒以南一个名叫敏铁拉（密铁拉）的小镇上停住了，他好像发现了什么不寻常的东西，又找出敏铁拉周围地区的地形图仔细查看。

敏铁拉是曼德勒以南100多公里处的铁路枢纽，也是缅甸最大的空军基地，位于日军第15军防线的后面，是第15军后勤补给和撤退的必经之地。该城向西直到伊洛瓦底江的近100公里范围内是开阔的沙地，视野宽广，特别适合于空军和装甲部队、机械化部队作战。斯利姆看到这里，一个克敌制胜的作战方案在头脑中形成，他先后接通了第33军团和第4军团指挥部的电话，发布新的作战命令。

牟田口被撤职后，片村四八中将接任第15军司令官，他手头的4个师团全部严重缺员，官兵连续作战，体力消耗很大，而且从他上任起这个军几乎一直在撤退中，他也成了名副其实的撤退将军。到1945年1月，第15军蜷缩在曼德勒附近的伊洛瓦底江两岸，被英军第33军团拖得动弹不得。

1月上旬，英印军第36师突破曼德勒以北约70公里处的日军第15师团防线，在新古北面渡过伊洛瓦底江，揭开了英军渡江作战的序幕。

第15师团师团长柴田卯一从上年11月就被英印军第19师追着打，好不容易在第31师团的帮助下逃到江东的新古、皎渺一带，还没好好歇上一口气，英印军又过江攻击，眼下只有咬牙坚持，能打到哪一步算哪一步。柴田命令在新古的师团主力北上迎击英印军第36师，只留两个中队守卫新古。英军空军在空袭时，发现新古守军空虚，立即向第 33 军团长斯托普福德将军报告。斯托普福德马上命第 19 师派兵乘虚渡江，一举攻占了新古。柴田刚领兵在北面与第 36 师交上火，背后又挨了一击，只得分兵试图夺回新古。英军把重炮排在江边，对准日军猛烈炮击。日军在奔袭途中，没有地方可以藏身，顿时被炸得血肉横飞，死伤累累。英印军第 36 师、第 19 师的其他部队乘机渡江，占领了大块地区，牢牢地在江东立稳了脚跟。

与曼德勒一江之隔的实务由日军第 31 师团驻防，这个师团由于前任师团长佐藤自作主张，率先撤离英帕尔战场，所受损失在参战的各师团中最为轻微。基于该师团的实力，片村把守卫曼德勒的任务交给了它。1 月中旬，实务遭到了英军第 2 师的猛烈进攻。另外，第 33 师团被英军第 20 师赶过了江，退守江东的敏务。第 53 师团则被调去增援第 15 师团。第 15 军的全部兵力都用在阻挡英军的进攻上，完全没有发现身后的空虚和潜在的危险。

斯利姆看到这一切，脸上露出了开心的笑容。他要的就是这个局面，"声东"已见效，现在是进行"击西"的时候了。他命令第 4 军团指挥官弗兰克·迈泽维将军"按原定计划行动"。

第 4 军团已经悄悄地沿伊洛瓦底江西岸向南行进了 300 余公里，潜伏在帕科库的南面，这支由数万人组成的机械化装甲部队能在日军完全没有察觉的情况下完成长距离行军，堪称军事史上的杰作之一。

接到斯利姆军长的命令，第 4 军团立刻于 2 月 21 日渡江，向东直插敏铁拉。这一地区是日军第 15 军与第 28 军防区的交界处，兵力薄弱。穿插部队几乎未遇到什么有力的抵抗。

片村得知英军奔袭敏铁拉时，就好像有人从背后捅了他一刀那样难受，马上把第53师团火速调去阻截英军。这一招实出于无奈，谁都知道第53师团是缅甸日军中最弱的一个师团，从组建以来就没打过胜仗，主力已在缅北被孙立人和温盖特的部队消灭。此时它虽号称师团，兵力不过相当于一个联队，而战斗力恐怕抵不上日军精锐部队的一个大队。所以，连片村本人都没有指望它真能挡住英军，只是想争取几天时间，以调整部署，派其他部队前去对付英军。

第53师团行动还算快捷，在英军前面赶到了塔温他，士兵们年纪大的有四五十岁，小的只有十五六岁，几乎没有重武器，这阵势就好比是中国成语中所说的"螳臂当车"。

日军的工事还没挖好，英军的坦克、装甲车就在远处出现了。几十辆坦克在前面呈扇形展开，坦克履带卷起的滚滚沙尘遮天盖日，隆隆马达声震耳欲聋。英军的先头部队已经得知有日军在前面设防阻击，现在，远远在一两千米之外发现日军在沙地上挖掘的壕沟和掩体，就一阵排炮打过去把日军的防线打得七零八落，坦克继续向前猛冲，坦克炮、机关枪一齐开火，开阔的沙地上立刻变成了一个"屠宰场"，日军的机关枪、迫击炮根本打不动坦克，只有任其杀戮。有些老兵虽用集束手榴弹和炸药包塞入坦克车履带中，也炸坏了几辆坦克，但阻挡不住英军的挺进。

2月26日，英军进抵敏铁拉城郊的机场。偌大的机场停机坪和跑道上见不到一架飞机，日本守军只有几百名机场警戒和地勤部队的士兵，不堪一击。听到英军坦克隆隆临近的声音，不少士兵扭头就跑。当天，第4军团就占据了机场和敏铁拉城区，切断了日军第15军后撤的铁路、公路线。按斯利姆的话说，就是让这里变成一块铁砧，由北面的第33军团抢锤，把日本第15军击得粉碎。想当初斯利姆就是被这个第 15 军打得丢盔弃甲，被迫撤出缅甸。现在是好好收拾它，出口恶气的时候了。

在缅东北方面，中国远征军 X 部队在打通中印公路后，又在英方要求下，挥师南下，追击溃逃中的第 56 师团和第 18 师团余部，以策应英军的"首要作战计划"。

2 月 21 日，孙立人率新 1 军的新 38 师和新 30 师再次挥戈南下，沿中缅公路追击日军。14 日攻克贵街，19 日收复新维，打开了腊戍的北大门。

腊戍是曼德勒向东的铁路终点，也是与中缅公路相连接的地方。当年是美援物资的主要中转地，也是中国远征军首次入缅所经过的地方。孙立人站在城北的高地上，注视着脚下的新城和旧城，不禁感叹道："腊戍，久违了！"

2 月 23 日，新 1 军的两个师完成了对该城的包围。孙立人的部队在缅北攻克日军防守的多座城池，对日军的战术了解得一清二楚，所以打起来是有板有眼，先一一击破外围据点，再以主力攻其一点，于 3 月 6 日占领腊戍老城，7 日再攻下火车站和飞机场，8 日全军合围消灭新城守敌。中国远征军新 6 军的第 50 师一直留在缅甸作战，于 1945 年元旦从南坎以西的芒卡和拉西南进，14 日攻占万好，2 月 23 日夺取南渡，3 月 16 日打下曼德勒至腊戍铁路线上的西保（细胞），与新 1 军会师。之后，新 30 师又南下攻取孟岩，第 50 师则沿铁路线西行，攻克了叫脉，于 3 月 30 日将该城交给了英军第 36 师。远征军的这些战斗，收复了缅东北大片地区，消灭了日军第 56 师团的大部分，有力地策应了英军的主攻。随后，中国远征军把阵地都移交给了英军，相继开拔回国。

日军第 15 军为摆脱危境，在北面防线收缩兵力，以刚划入该军编制的第 18 师团为骨干，从第 15、33 师团各抽调一个步兵联队和炮兵主力，组成突击部队，全力进攻敏铁拉。以敏铁拉南面约 50 公里处的央米丁为基地的第 49 师团接到命令北上合围。

3 月 6 日，日军第 18 师团及第 15 军的其他部从北面，第 49 师团从南面向敏铁拉发动全面攻击，展开了自英帕尔战役以来的又一场大规模会战。

英军在兵力、武器装备、后勤补给和士气上都压倒了日军。每天天亮后，英军的大批机群就准时飞来，运输机卸下军需品和增援部队。轰炸机和战斗机则将一串串重磅炸弹倾泻到日军阵地上，末了还一批批地俯冲，对准任何能见到的日军目标扫射。空军离开后，迈泽维的炮兵就开始"发言"。即使日军能躲过这些狂轰滥炸，也很难冲到英军阵地跟前，坦克部队出击迎敌，日军的步兵在平原地带完全处于劣势。连续数日进攻，日军损失惨重，却没有从英军手里夺到一寸土地。

北面的英军第 33 军团也加强了攻势。3 月初，英军第 2 师渡江攻入曼德勒西郊的阿瓦。英印军第 19 师以坦克为先导冲入曼德勒北部城区，与日军展开激烈巷战。英军的坦克在城里施展不开，空袭的威力也远不如郊外。日军兵力很少，但都是打巷战的老手，以一当十，拼命顽抗。

3 月 16 日，英军收复曼德勒东面的眉苗。3 月 20 日，经过 20 天的巷战和肉搏战，英印第 19 师终于占领了整个曼德勒。

接着，第 33 军团各部队大举渡江，与第 4 军团一起围歼陷于曼德勒和敏铁拉之间的第 15 军，消灭大批日军。

　　日军被迫放弃敏铁拉会战，向敏铁拉以南的漂贝（标贝）撤去。几天前，从缅东北溃败下来的第 56 师团和第 33 军司令部也退到了这一地区。

　　前线捷报纷纷传到斯利姆的指挥部。欣喜之余，斯利姆冷静地分析了缅甸的战局：日军第 15、33 军已被击溃，第 28 军也处于三面夹击之中，不足为虑，现在要做的事不是与日军纠缠于一城一地的争夺，而是抓其要害，抢在雨季到来之前，充分发挥自己的空军和机械化装甲部队的优势，拿下仰光，日军便会不战自败。他用尺子在地图上量了一下，"从敏铁拉到仰光大约有 350 英里的路程，现在已到 3 月底，这就是说，我们必须每天向前推进十英里。"斯利姆拿起电话，向蒙巴顿司令汇报他的打算，蒙巴顿告诉斯利姆："我保证给你的部队空运足够的补给，而且已命令第 26 师做好两栖进攻的准备。你就放手干好了。"

　　第二天，斯利姆飞到敏铁拉视察，向前线指挥官布置他的新作战方案："我们要在雨季前拿下仰光。要做到这一点，我们只有绕过敌人的一些有强大抵抗力量的地区。向前推行时，采取一师接一师的蛙跳式运动。"说着，他还真举着手做了两次蛙跳，引得他的部下们开怀大笑。

　　英军第 33 军团派出两个师以装甲旅为先导，沿伊洛瓦底江直下到卑谬的铁路终点站，拖住了这一地区的日军第 28 军。

　　第 4 军团浩浩荡荡沿铁路线向南快速前进，在漂贝以北追上了第 49 师团和第 53 师团。英军只派出少数部队对付这两个已丧失战斗力的师团，大队坦克、装甲车和卡车超过步行撤退的日军队伍，冲向漂贝城。城内守军是刚刚从敏铁拉逃到这里的第 18 师团余部，见到英军坦克群隆隆开来，只是胡乱开了几枪，掉头就跑。4 月 7 日，英军占领漂贝。

日军第 15 军的那几个师团溜得快些，已到了漂贝以南 100 余公里处的彬文那。缅甸方面军司令官木村命令片村领军在此固守，接应掉在后面的第 33 军。片村知道停下来等于陪着第 33 军送死，现在手头一无坦克，二无大炮，怎么挡得住英军的坦克？还是去赶自己的路吧。

在仰光的木村司令官这下可慌了神，第 33 军和第 15 军拼命往南撤，仰光北面的防御已经崩溃。无奈之下，他不顾西南战线吃紧，将第 28 军第 55 师团主力调到彬文那去迎击英军。

4 月 16 日，花谷正的第 55 师团日夜兼程，开到了彬文那北面的信德河。在路上，第 55 师团遇到了一群群从北面撤下来的日本军人，衣衫破烂，不少人身上挂着彩。这些兵看到第 55 师团居然向北开，个个惊得直眨眼睛，但脚步不停，匆匆逃命去了。第 55 师团中有些官兵实在看不下去堂堂日本皇军这样一副丧家之犬的样子，截住几群迎面过来的兵士询问是哪部分的，得到的答复几乎包括第 15、33 军各个部队。再想要他们就地抗击后面的追兵，那些兵们说是当官的命令他们往南撤，不敢违命，气得第 55 师团的人直翻白眼，却又无可奈何。

当天下午，在河南岸上开挖工事的日军士兵听到了河北岸传来的坦克轰鸣声，急忙报告上峰。第 55 师团随即准备作战，一线部队刚上河堤，英军空军先赶到了，照着河堤上下的日军足足轰炸扫射了一刻钟时间。日军刚开挖的工事整个被炸翻了，河堤上的士兵几乎全被炸死。剩下的几个不是缺胳膊，就是少了腿。二线部队登上河堤，就见到英军坦克群已出现在对面河岸上。日军炮兵开始射击，将英军的几辆坦克打得不能动弹，冒出了滚滚浓烟，几个坦克兵浑身都是火，从炮塔里爬出来逃命。"打得好！"河岸这边的日军一片欢呼。

其他坦克绕过被击中的坦克，一头冲进河里。时值旱季，河水很浅，转眼间，坦克已冲上南岸河堤，第55师团士兵慌忙逃命，但双腿哪有坦克车跑得快，纷纷倒在机枪弹雨下。

花谷正发现情况不妙，连忙与第33军联系，要求紧急派兵增援。第33军司令官本多和参谋长正在布置彬文那一线的防御，不在军司令部。一位值班参谋告诉花谷正，第53师团和第18师团正在彬文那城及城东的桥梁构筑防线。花谷正追问了一句："那第49师团呢？"电话那头沉默了一会儿，吞吞吐吐地回答道："第49师团去向不明。"花谷正气得骂了一声："八格牙鲁！"把话筒一摔，命令手下："撤！"

第55师团还有不少汽车，溜起来也方便，很快就到了彬文那。花谷正去第33军司令部见本多政村，一路上看到士兵们心不在焉地修筑工事，士气低落，重武器根本见不到，仅靠步枪手榴弹怎么能挡住英国人的坦克呢？花谷正自己也对战争的前景丧失信心了。

见到满脸愁容的本多军司令官，花谷正刚要报告信德河失守的战况，本多显然已经猜到了，向他摆摆手，把一张刚收到的电文递了过来。这份发自缅甸方面军司令部的电文命令第33军务必坚守彬文那，不让英军继续南进。本多还告诉他："方面军还命令第15军在我们后面的东瓜固守。第33军现在是一无大炮，二无坦克，如何守住彬文那，想听听你的意见。"花谷正感到本多踢过来的这个球不好对付，但稍作考虑，也对本多大诉其苦："本师团早在去年的若开战役中即受英军重创，此次远程奔袭，官兵劳顿，甚为疲惫。信德河一战，受损不小。加上本部对此地情况不熟，恐难提出什么意见。"本多原先也并不指望花谷正能许诺什么，但他连一点过场的话都不说，真他妈的不给面子。转念一想，我第33军说是一个军，第49师团不知现在何处，另两个师团加起来，也就抵上一两个满员联队，兵力还赶不上花谷正的第55师团，手里没兵，说话不硬啊。话不投机半句多，两人匆匆话别，不欢而散。

两天过后，迈泽维的第4军团开到了彬文那城。日军稍作抵抗就溃败了，往南通往仰光的路上挤满了日军步兵和一些车辆，这场景与3年前英军从缅甸撤出的情形一模一样。

不一会儿，英军的坦克就从后面追上来了，炮塔上机枪吐着火舌，坦克炮则对准日军的车辆轰击。英军空军也不时前来空袭。看样子这样逃下去到不了仰光，日军就会全都在路上被消灭。为了逃命，日军官兵纷纷向东渡过锡唐河，再沿萨尔温江向缅甸东南部和泰国方向逃去。

英军并不去追击向河东逃命的敌人，径直超越了日军队伍，向南快速挺进。

4月22日，第4军团先头装甲部队抵达中国第200师曾血战过的东瓜时，根本没有遇到什么抵抗。第15军从敏铁拉战场撤出来后就一直向东到达葛鲁，再折向南，沿东枝—毛淡棉公路南下。片村在南撤途中收到方面军司令部令他率部在东瓜以北停止前进、协助第33军作战的电报，但他没有遵令行事。第33军在哪里？不也从彬文那横渡锡唐河跟在自己屁股后面往南逃吗？第55师团走得快些，已追上自己的部队，再说手下这几千残兵败将去跟英军的坦克斗，不是等于用鸡蛋去碰石头吗？还是走自己的路，说不定仰光的那些官们也在打铺盖准备开路呢。片村拍了拍司机的肩膀，下令："给我快快地开！"

仰光城已陷入一片混乱，日本侨民、日籍文职官员大批涌上通往毛淡棉的公路，港口的船上也挤满了逃命的人。在"缅甸政府"大厦里，傀儡总理巴莫知道日本战败已成定局。他从明亮的落地窗看到大街上日本人慌乱逃亡的狼狈相，不禁回忆起近 3 年前的另一幅场景。

那是在日军打下仰光不久，被关押在监狱中的巴莫被请到日军第 15 军司令部。

饭田祥二郎向他伸出了手，边握手边说道："阁下，让你受委屈了。请坐。"

两人面对面坐定后，饭田又说："我已经跟缅甸独立义勇军的将领和各派领袖说过，战争业已结束，奉天皇陛下旨意，决定在缅甸成立日本军管政府，忠实秉承帝国之意图施政。我们共同的敌人是英国人、美国人和其他白人，现在是结束白人统治，由亚洲人治理自己国家的时候了。"

说到这里，饭田清了下嗓子，习惯地用左手把军刀往地板上使劲一戳，把巴莫吓了一跳。

"日本与缅甸同在亚洲，同种同族，共存共荣，让我们携手促进大东亚共荣事业。为此，请阁下出任总理，如何？"

巴莫不放心地问道："缅甸国既已脱离英国殖民统治，何时独立？"

"一俟时机成熟，即准予独立。阁下请放心。"

1943 年 8 月 1 日，巴莫果真当上了"独立"的缅甸总理，经他同意的《独立宣言》赫然写道："缅甸国作为以大日本帝国为指导者的大东亚共荣圈之一环，将为创建世界新秩序做出贡献。"

回想到这里，巴莫一点也没有为投靠日本人感到后悔，而是盘算着怎样把英国人赶出缅甸。经过思考，他认定要走武装斗争的道路，于是建立起一个最高国防委员会。他声称："这是我们与英帝国主义的长期斗争中的最后一战，……如果我们再失败，我们就还要长期做奴隶。"但委员会委员们早已心不在焉，没心思听巴莫在这里空侃，一散会立刻开溜，汇入了向东逃亡的人流。

4 月 23 日，本村兵太郎在他的司令部里下达了最后一道命令：仰光守卫部队第 105 独立混成旅团开往勃固以北的帕亚枝阻击英军。随后，本村登上他的专车，溜之大吉。仰光城内日军已撤调一空，只有鲍斯的印度国民军留守。仰光已处在英军的重兵挤压之下。

斯利姆看到时机已到，下令实施"吸血鬼计划"。缅甸的雨季提前到来，干涸的河床又被洪水吞没，对南下的第 4 军团和第 33 军团的行动产生不利影响。日军第 105 独立混成旅团是精锐部队，兵力丝毫未损，拥有重炮和战车，战斗力远在其他师团之上。英军第 4 军团在泥泞中对勃固以北的帕亚枝防线发起冲击，被屡屡击退。看样子，北线英军部队可能无法参加攻打仰光的作战行动了，但斯利姆决心已定，第 15 军团立即按命令行动。第 26 师部队登上英国海军舰艇，前往仰光以南的海湾。

为确保两栖登陆作战的顺利进行，第 15 军团派出伞兵部队打头阵。伞兵都是来自尼泊尔山区的廓尔喀人，英勇善战，不怕牺牲，在英军各部队中一直赫赫有名，每次执行最危险、最艰苦的作战任务，都少不了他们。

伞兵部队抢在两栖登陆部队所乘船队到达登陆地点之前，于5月1日黎明在仰光南面的仰光河口地带跳伞降落，扫清登陆点周围的日军据点，开辟进入仰光的通道。

但是，伞兵们降落后发现日军已踪影全无，海边、河口的防御工事里空空如也。侦察兵沿仰光河北上直到仰光城边才见到印度国民军设置的路障，检查来往行人和车辆。

英军空军飞机也对登陆地点和仰光城内作低空侦察，以确保万无一失。飞行员们一点也不用担心会遇到地面高射炮火的袭击，就这么擦着树梢，相互炫耀高超的飞行技术。在仰光上空飞行的飞行员看到仰光监狱的大屋顶上有几个很醒目的英文字："日本人已走"，立刻向后方指挥部做了汇报。

当天晚上，英国海军护航舰队首先驶抵仰光河口，一艘驱逐舰在夜色中发现从仰光河驶来一艘大型船只，当即发信号命令该舰停船接受检查。等到驶近该舰时，认出这是一艘日军运输舰。英国水兵登上该舰，解除了日军官兵的武装，打开舱门，看到船舱里都是些日军掠劫的财物和一些军用物资。显然日军正在撤离。

第二天是5月2日，英印军第26师登陆部队在仰光以南的河口登陆，迅速向仰光进发，沿途的印度国民军官兵几乎没有抵抗，纷纷缴械投降。当天，英军不费吹灰之力就收复了整个仰光。5月4日，勃固北面的日军第105独立混成旅团终于被第4军团的坦克群击溃，英军第14军各部队胜利会师，缅甸已大部分光复。

丘吉尔首相闻讯大喜，发电给蒙巴顿表示祝贺："尽管人员伤亡并受到挫折，但你和你的士兵已经完成一切并且超过了命令的要求。"

日军第 15 军和第 33 军败逃到缅甸东南部毛淡棉一带。南方军总司令部不久将第 15 军司令部和第 15、53、56 等师团调往泰国，将第 55 师团调往印度支那，将第 31 师团调往马来亚，命令第 33 军率留守缅甸的部队负责缅东南作战。

那么日军在缅甸的另一支部队——樱内省三的第 28 军现在何处呢？

斯利姆将军没有看漏这步棋，专门用曾参加过两次若开战役的第 15 军团对付第 28 军。第 15 军团下辖第 25 师、第 26 师、西阿第 81 师和西阿第 82 师，而日军的第 28 军只有第 54、55 师团。斯利姆对第 15 军团长克里斯蒂森的指挥才能很有信心，而且在兵力上也占有优势。

克里斯蒂森决定先攻占若开岛。这个岛位于孟加拉湾中，离大陆很近，岛上修建了海、空军基地，可用作英军在缅甸中南部作战的空运补给中心和空军作战基地。

为确保登陆成功，克里斯蒂森调集了强大的海空军部队进行掩护，担任空中支援任务的是英国空军第 224 航空队和一个美军轰炸机队，海军远东舰队也开到若开岛附近。这支舰队拥有三艘巡洋舰、三艘驱逐舰、一艘护航航空母舰、两艘炮舰和一些辅助舰只。

登陆前一天，英军侦察机发现日军已放弃若开岛。1 月 3 日，英军两个旅从岛北面登陆，立即着手修复海军和空军基地。

英军下一个目标是在若开以南 100 公里处的兰里岛（延别岛）。这个岛比若开岛大许多倍，南北长 80 公里，隔海与日军主要据点——洞鸽相望。1月21日，英军第25师在海空军强大炮火的掩护下实施登陆，岛上日军守卫部队仅约1000人，全部退守岛屿内地作战。第25师虽未打一枪就登陆成功，但在消灭潜入内地的日军时可费了大力气，前后花了一个月时间。日军除20人被俘外，其余全部战死。

日军第54师团师团长宫崎繁三郎已经看出英军此次出兵与前面的两次大不一样，摆出一副决战的架势，绝不会打上几仗就草草收兵。因此，他下令所属部队不惜一切代价要把英军阻挡在阿拉平山脉以西，并挫败其沿海岸南下的企图。

为迅速消灭敌人，第15军团先后在弥蓬、鲁耶瓦等地登陆，先消灭洞鸽以北的敌人，其后于4月28日攻克洞鸽，5月9日和13日先后占领了坦都和古亚，共歼灭日军3950名，俘129名，第15军团阵亡11155人。沿孟加拉湾的海岸地区全部被英军收复。

第54师团残部逃到阿拉干山以东，又遭到英军第33军团的迎头痛击，逃入伊洛瓦底江与锡唐河之间的勃固山区。

3月27日，昂山率领缅甸国民军11488人倒戈，举行反对日本侵略军的武装起义，袭击日军控制的交通线，加速了战争进程。

英军光复仰光后，没有继续追击逃到锡唐河东岸的日军第15军和第33军，先回过头来收拾被分割包围的第28军。阿拉干山西面的几座孤城到5月中旬全被英军攻下，而怎样对付散布在方圆数百公里的勃固山中的敌军，却成了一个不大不小的难题。

斯利姆军长仔细分析了战况：太平洋战场上日军节节败退，日军南方军也在收缩防区，原驻缅甸的第15军被调到泰国，锡唐河东的日军既没有胆量，也没有力量前来救援困在勃固山中的第28军。

而据估计，第28军屡遭打击后仍有万余兵力，而且，曾在帕亚枝阻击英军的第105独立混成旅团残部也逃入勃固山脉南部。时间已进入雨季，英军在这种天气下进山围剿只能是扬短避长，被动挨打，这种赔本的买卖当然做不得。幸好日军给养已断，又得不到补充，在山里坚持不了多久。于是，斯利姆在沿锡唐河一线张下大网，只等第28军送上门来。同时，又在锡唐河边集结部队，摆出要渡河的阵势，牵制河对岸日军的行动。

大山里的樱井原想在英军攻山时，寻找空当向锡唐河对岸突围，但左等右等不见山下有动静。苦挨了一个月后，樱井派一些人下山，打探情报。几天后，浑身是泥的兵们回来了，——向樱井做了报告：英军在帕亚枝、勃固、东瓜和锡唐河沿岸都集结了强大的装甲部队，突围极为困难。樱井只能放弃在6月初突围的计划，决定再等等看。

在缅甸作战的部队，不管是哪一方的，都在缅甸密林山区里吃过苦头。第28军算是个例外，它没有参加奔袭英帕尔的战役，也没有去缅北密林与史迪威和中国远征军交手。这次大概是让第28军补上这一劫吧。

这上万人的部队窝在山里，断了粮草，天天吃野菜树皮和山里能搞到的一切生物。吃到后来，连野菜也找不到了。不少士兵病饿而死。撑到7月20日，樱井的等待也达到了极限，命令所属部队在当天夜里分三路在东瓜和勃固之间越过仰光至曼德勒公路，再向锡唐河东"转移"。

沉寂多日的缅甸夜空又被纷飞的战火划破，日军在缅甸战场伤亡最大的一次突围战打响了。

第28军和第105独立混成旅的官兵忍饥挨饿多日，许多人患病在身。枪炮在雨水里泡了两个多月，有不少都打不响了。一群群从山上摇摇晃晃地冲下来的日军成了英军坦克大炮和各种兵器的活靶子，尸积成山，血流成河。

白天一到，战斗就暂告停止。入夜，又接着打。前后经过半个月的时间，除1200余名日军官兵侥幸逃到河东外，其余上万人都被击毙。8月4日，锡唐河沿线的围歼战结束。正当英军准备渡河追歼敌军时，日本于8月15日宣布无条件投降，在东南亚燃烧了四年多的战火终于熄灭了。

曾在马来亚、新加坡和爪哇等地耀武扬威、出尽风头的日军在缅甸被打得威风扫地，如丧家之犬一般。缅甸方面军在英帕尔战役前拥有30万兵力，到停战时已丧失三分之二以上，残存的部队也弹尽粮绝，处于绝境之中。

十二

尘埃落定

8月15日，日本南方军总司令寺内寿一在西贡东北的大叻听到了裕仁天皇宣读的停战诏书，第二天召集第7方面军司令官板垣、第3航空军司令官木下和直辖各军参谋长来大叻开会，指示所属部队"承诏必谨，誓安圣虑"，停止进攻作战，但没有同时下令停止抵抗，也没有宣布正式投降的日期。显然，日军在故意拖延时间。

而蒙巴顿急欲重返新加坡，在这座曾是英国殖民统治中心的城市举行受降仪式。8月21日，他亲自要求日本南方军迅速办理投降手续。寺内一面承诺尽快办理，一面又下令各地区的日军分别同当地盟军进行所谓"必要的谈判"。

蒙巴顿得知这一消息后十分恼火，东京已经宣布无条件投降了，还有什么可谈的？8月23日，蒙巴顿发电指令日军派全权代表去仰光草签投降文书。

8月26日，寺内派他的参谋长沼田隆造前往仰光，面见蒙巴顿的参谋长普劳宁将军。当天晚上，沼田草签了英方拟定的投降书，并允诺尽快正式签署这份文件。随后，他带着投降书副本飞回大叻。

218

9月2日，在东京湾的美国战列舰"密苏里"号上，日本外交大臣重光葵代表天皇和日本政府、陆军参谋总长梅津美治郎代表日军大本营，在盟军最高司令麦克阿瑟和美国、英国、苏联、中国、法国、澳大利亚、加拿大、荷兰和新西兰九个战胜国代表面前，正式签署了无条件投降书。

日军南方军总司令寺内卧病在床，一再推迟向东南亚盟军司令蒙巴顿正式投降的时间。但蒙巴顿不愿再拖下去，下令英国舰队运送英军于1945年9月5日在新加坡登陆，重返阔别近四载的狮城。

英国军队走在黎明时分的新加坡街道上，四周一片沉寂。周围的一切使许多在这里驻扎过的官兵感到亲切，但他们对这里发生的变化感到吃惊：昔日整洁、繁荣的街道，如今已残破凋敝、死气沉沉，像是一座被废弃了的城市。

街上一个人也见不到。新加坡市民被日军整得太苦了，天不大亮没人敢出门。后来有人听到街上隆隆驶过的汽车声和用英语发出的口令声，悄悄拉开门缝朝外看，发现果然是英国人回来了，就纷纷走出家门。街两旁的新加坡人越聚越多，人群中响起一阵阵热烈的欢呼声。

英国官员驱车来到市政厅前，市政厅大厦在曙光中显得更加雄伟壮观。一位官员来到大厦前的旗杆边，降下了日本的太阳旗，重新升起了英国的米字旗。

当天，英国官员开始行使统治权，派日军官兵去打扫街道、清理沟河、清运垃圾。市政厅前的一片草地广场上，日军修筑了工事，十分碍目。因此，数百名日本士兵被派到这里来拆除工事、平整场地，再铺上新的草皮。

新加坡市民和盟军官兵怀着兴奋、激动的心情，盼望着9月12日的到来。在这一天，盟军东南亚战区司令蒙巴顿将军将亲自主持阅兵式和受降仪式。街道上、码头旁和田间土路上到处可见面带胜利喜悦的人群，以及光着膀子干活的日军官兵。这些曾不可一世的日本侵略者如今变得服服帖帖，听从英国人和新加坡人的指派，默默地干着手头的活。

东方海平面上冉冉升起的一轮红日迎来了不同寻常的9月12日。川流不息的人群涌向市政厅前的草地广场，他们要亲眼看到这个具有重大历史意义的事件。

不久，身穿白色海军礼服的蒙巴顿上将到达广场。全场欢呼，共同庆祝盟军的到来。

受阅士兵们在军官的带领下已排成整齐的队列，手中的步枪、冲锋枪在阳光下发出黝蓝的光芒。

蒙巴顿依然是那么英俊潇洒，风度翩翩，此时因为心情激动，更加显得容光焕发。他绕场检阅了队伍。

随后，在雄壮有力的进行曲伴奏下，分列式开始了，英军陆海空军官兵、与英国并肩作战的盟军部队和游击队列队从阅兵台前通过。受阅队伍中还有一支由华人和马来人士兵组成的马来亚人民抗日军。

在阅兵式还未结束时，一队插着白旗的车队在市政厅附近的街上被英军卫兵拦住，从车上下来的是来向盟军投降的日军陆海军军官。卫兵命令他们交出随身携带的武器和军刀，然后带着这群身穿日军军服的人穿过赶过来观看的人群向市政厅走去。东南亚盟军的受降仪式将在市政厅内的大厅里举行。在大门入口前，所有日本军官都被一一搜身检查，接着被卫兵引入受降大厅等候。

1945年9月12日，蒙巴顿将军在新加坡市政厅发表讲话，宣布盟军在东南亚战场取得了最终胜利

这个大厅是新加坡举行重大典礼仪式的地方，内部装饰简朴而庄重。大厅墙上挂着英国国王乔治六世的像和各战胜国的国旗，作为战败国的日本，是无权在这里悬挂它的国旗的。

一会儿，参加受降仪式的英、美、中、法、澳、荷和印度等盟国的官员以及新加坡和马来亚的社会贤达、各界人士来到大厅里。

外面的阅兵式一结束，蒙巴顿将军领着手下的军官进入受降大厅，全体起立致意。

盟军和日军代表在两张相对的长条桌后就座。蒙巴顿宣布："我今天到此，正式接受东南亚日军司令部投降。"

寺内因病卧床，派第7方面军司令官板垣征四郎大将作为他的代表参加这个仪式，随他前来的有缅甸方面军司令官木村、第3航空军司令官木下、第18方面军司令官中村、南方军总参谋长沼田、第10方面舰队司令官福留和第2南遣舰队司令官柴田。

仪式开始，板垣首先从口袋里取出两枚印章和一盒印泥，在一式11份的投降书上盖印画押。之后，这叠文件被呈递到蒙巴顿面前。蒙巴顿用九支不同的钢笔在文件上签了自己的名字。

当蒙巴顿在最后一份文件上签字完毕时，东南亚战区的战斗亦宣告正式结束。和平又回到了富饶秀美的东南亚大地。

仪式结束后，蒙巴顿率盟军官员来到广场上，向旗杆上高高升起的英国国旗行礼致意。这面已褪了色的旧国旗非同寻常，当年英国人就是打着这面国旗向山下奉文投降的。后来这面国旗一直由战俘们随身保存。今天，是洗刷它和所有盟军战俘所受的耻辱的时候了。

东南亚战场终于尘埃落定，东南亚人民在经受了战火蹂躏和洗礼之后，又迎来了新的时代。

东南亚战场大事记

1940 年

7 月 22 日　第二次近卫内阁成立。主要内阁成员有首相近卫文麿、外务大臣松冈洋右、陆军大臣东条英机等。

7 月 26 日　近卫内阁提出建立"大东亚新秩序"的新国策。

8 月 30 日　日本外务大臣松冈洋右与法国（维希政府）驻日大使安里达成"松冈—安里协定"，法方同意协定数量的日军通过印度支那北部和在当地驻扎，以切断盟国援华运输线。

9 月 5 日　侵占中国华南地区的日军第 5 师团的一个大队，"擅入"法属印度支那北部，开启日军侵略东南亚的进程。

9 月 23 日　日军第 5 师团侵入法属印度支那的越南北部，开始了所谓的"和平进驻"。

1941 年

4 月 13 日　日苏两国在莫斯科克里姆林宫订立《日苏中立条约》，规定两国在第二次世界大战期间维持中立。条约签署人为苏联人民委员会主席兼外交人民委员莫洛托夫和日本外务大臣松冈洋右，条约有效期为五年。

7 月 2 日　近卫内阁《适应形势演变的帝国对策纲要》获御前会议批准，定下日本的南进战略。

7 月 28 日　根据日法达成的协议，日军第 25 军开始"进驻"法属印度支那南部。

9 月 2 日　日军大本营与外务省举行联席会议，制定《帝国国策实施要领》，确定了对美英荷作战的具体实施方案。该《帝国国策实施要领》于 9 月 6 日获御前会议批准。

10 月 17 日　东条英机内阁成立，东条英机兼任首相和陆军大臣。

11 月 5 日　御前会议批准新的《帝国国策实施要领》，决定在 12 月初开始侵略东南亚的战争。

12 月 1 日　御前会议批准在东南亚和太平洋开战，天皇在开战文件上加盖御玺。

12 月 8 日 2 时　日军对英属马来亚殖民地发动登陆进攻，这个时间比日军联合舰队偷袭珍珠港的时间还早三个多小时。同一天，日军还对香港等地发起攻击。东南亚战场就此战火肇起。

12 月 8 日　日军第 15 军"进驻"泰国，当天就侵占全境。21 日签订《日泰同盟条约》，完成了对泰国的全面控制。

12 月 10 日　日军在马来亚以东海上空袭英国海军 Z 舰队，击沉主力战列舰"威尔士亲王"号和"反击"号，重创英海军，获得制海权。

12 月 23 日　中国与英国在重庆签署《中英共同防御滇缅路协

定》。中国同意组建和派出中国远征军,进入缅甸与英军共同抗日。

12 月 24 日　中国远征军入缅参战。第 6 军第 49 师首先进驻缅甸东部。

12 月 25 日　英军司令莫尔特比宣布投降,香港沦陷。

12 月 31 日　美国总统罗斯福致电蒋介石,提议组织中国战区,建议由蒋介石任盟军中国战区最高统帅,负责指挥中国、越南和泰国的对日作战。次年 3 月应蒋介石请求,美国派史迪威中将来华,任中国战区参谋长。

1942 年

1 月 4 日　日军开始侵入缅甸,盟军的缅甸保卫战拉开序幕。

1 月 31 日　日军攻占英属马来亚半岛全境,推进到与新加坡相邻的柔佛巴鲁。

2 月 15 日　英军司令帕西瓦尔向日军第 25 军司令官山下奉文投降,新加坡陷落。

3 月 1 日　爪哇海战役结束,盟军舰队被击败,大部分舰只被击沉。荷属东印度的海上防线崩溃。

3 月 8 日　仰光陷落。

3 月 10 日　荷属东印度盟军各部队先后宣布投降,日军侵占该地。

3 月 17—18 日　仁安羌大捷。中国远征军新编第 38 师由师长孙立人率领,在仁安羌击败日军第 33 师团的一个大队,成功解救被围困的英军 7000 余官兵和 500 多名西方国家平民。

3 月 18—30 日　东瓜(同古)保卫战。中国远征军第 5 军第

200 师在戴安澜师长的指挥下英勇抗击日军两个师团，击毙日军 5000 余人，后突围撤离。

4 月 25 日　盟军司令部决定放弃缅甸，分三路撤离。

5 月 18 日　中国远征军第 200 师在腊戍以西密林中遭遇日军伏击，师长戴安澜身负重伤，5 月 28 日在缅境内芳邦村伤重不治，光荣殉国。

8 月　美英首脑在加拿大魁北克举行会议，决定组建东南亚盟军司令部，任命蒙巴顿为最高司令、史迪威为副司令。

9 月　中国远征军在印度的兰姆加开始受训，为反攻缅甸做准备。

11 月底　盟军在缅甸战场开始反攻。但若开战役的进展并不顺利，遭日军重挫后于次年 3 月撤回印度。

1943 年

2—5 月　英军准将温盖特率"钦迪特"旅进入缅北发动游击战，取得一定战果。

3 月　在印度的中国远征军（当时称中国驻印军）组建新一军，蒋介石从国内派郑洞国来担任首任军长，孙立人任副军长，下辖新 38 师（师长孙立人）与新 22 师（师长廖耀湘）。

3 月 27 日　日军正式成立缅甸方面军。河边正三中将任方面军司令官，下属第 15 军（辖第 18、第 33、第 56 师团）和军直属的第 55 师团。

6 月起　日军南方军总司令部决定加强在缅甸的军力部署，陆续将驻扎在马来亚的第 31 师团、盘踞在中国南京的第 15 师团和在菲律宾修整的第 2 师团调入缅甸战场。缅甸方面军的编制亦进行调整：下设 3 个军，即第 15 军（第 18 师团、第 33 师团、第 15 师团、第 31 师团），军司令官仍然是牟田口廉也；第 28 军（第 2 师团、第 54 师团、第 55 师团），军司令官樱井省三；第 33 军（第 56 师团，后第 18 师团划入和在 1944 年 1 月增派的第 49 师团）。

10 月 24 日　中国远征军 X 部队从印度开始向印度进发，发起反攻。至 12 月中旬，清除了日军在亲敦江以西的所有据点，首战告捷。

1944 年

2 月—4 月　第二次若开战役。日军第 55 师团发动进攻，遭到英军第 15 军团的回击，损失惨重。

3 月 1—8 日　胡康河谷战役。中国远征军新 38 师、新 22 师和美军 5307 部队击败日军第 18 师团。

3 月 18 日—7 月 10 日　英帕尔战役。日军第 15 军的 3 个师团加上印度国民军的一个师对驻扎在印度东北部重镇——英帕尔的英军第 14 军发起进攻，被击败。日军损失超过一半兵力。东南亚战场的局势发生了根本性扭转，盟军由防御转为进攻。

4 月 4 日—6 月 25 日　孟拱河谷战役。中国远征军新 38 师、新 22 师和英军第 77 旅消灭日军第 18 师团主力，重创第 53 师团。

5 月 16 日—8 月 3 日　密支那战役。中国远征军第 50 师和新 30 师得到美国空军的支援，击败守城的日军第 18 师团第 114 联队和第 56 师团步兵联队，光复缅北重镇——密支那。

9 月　中国驻印军的编制和人事进行调整：史迪威任总指挥，郑洞国任副总指挥。下辖两个军：新编第1军（新38师、新30师、第50师），军长孙立人；新编第6军（新22师、第14师），军长廖耀湘。总兵力达到5.3万人。其中第50师开始属新6军，年底新6军撤回国内，留下第50师归入新1军编制。

1945 年

1月27日　中国远征军（X部队）与中国军队（Y部队）于中缅边境中国一侧的芒市胜利会师。缅北战役基本结束，中印线打通。

3月8日　中国远征军新1军光复腊戌。在收复缅甸东北部大片地区，移交给英军，于3月底开拔回国。自中国远征军入缅作战起，历经三年零三个月，共投入兵力40万人，伤亡近20万人。其中相当部分为中国军队战斗力最强的精锐部队。

3月20日　英军第14军所属第33军团攻占缅甸中部重镇——曼德勒。

5月2日　英军第26师收复缅甸首都仰光。

8月15日　日本天皇宣布停战，向盟军无条件投降。日本南方军总司令寺内寿一下令所属部队停止进攻作战。东南亚战场的战火终于烟消云散了。

9月5日　英军重返新加坡，英国恢复对该地的统治。

9月12日　东南亚战区盟军受降仪式在新加坡市政厅举行。东南亚盟军总司令蒙巴顿接受日军南方军总司令寺内寿一的代表第7方面军司令官板垣征四郎的投降，双方在投降书上签字。

主要参考书目

1. 徐康明著:《中缅印战场抗日战争史》,解放军出版社 2007 年。

2. 张承钧、卫道然著:《中国远征军(1943—1945)》,中国经济出版社 1994 年。

3. [新西兰]尼古拉斯·塔林编,贺圣达、陈明华、俞亚克、申旭译:《剑桥东南亚史》,云南人民出版社 2003 年。

4. M. C. Ricklefs, *Anew history of Southeast Asia*, Houndmills, Basingstoke, Hampshire: Palgrave Macmillan, 2010.

5. Nicholas Tarling, *A sudden rampage*: *the Japanese occupation of Southeast Asia*, 1941—1945, Honolulu: University of Hawaii Press, 2001.

6. [日]服部卓四郎著,张玉祥译:《大东亚战争全史》,商务印书馆 1984 年。